MERKUR Deutsche Zeitschrift für europäisches Denken

Herausgegeben von Christian Demand
Begründet 1947 von Hans Paeschke und Joachim Moras
Herausgeber 1979-1983 Hans Schwab-Felisch
1984-2011 Karl Heinz Bohrer
1991-2011 Kurt Scheel
Redaktion: Ekkehard Knörer
Redaktionelle Mitarbeit/Büroleitung: Ina Andrae
Redaktionsanschrift: Mommsenstr. 27, 10629 Berlin
Telefon: (0 30) 32 70 94 14 Fax: (0 30) 32 70 94 15
www.online-merkur.de E-Mail: merkur.zeitschrift@snafu.de
Der Merkur wird unterstützt von der Ernst H. Klett Stiftung Merkur
Der Merkur ist Partner von Eurozine. www.eurozine.com
Heft 3, März 2014, 68. Jahrgang

Inhalt

András Bruck

Hinterausgang

Irgendwo habe ich gelesen, dass ein Krieg von Menschen gewonnen wird und nicht von Waffen. Ein schöner Gedanke, aber vielleicht zu ehrgeizig. Es gibt nur wenige, die eine solche Last ertragen. Erst recht, wenn es um ganze Völker geht. Da sind beispielsweise wir Ungarn, der lebende Beweis dafür, wie leicht es ist, zum Besiegten zu werden. Man hat uns kein Haar gekrümmt, und doch konnte man uns beinahe alles nehmen: Recht, Geld, Freiheit. Tag für Tag wurden neue Gesetze geschaffen, Regeln verändert, Befehle strenger gemacht, und wir haben lange Zeit überhaupt nicht begriffen, was hier läuft. Schlau haben sie das angefangen, Stück für Stück gingen die Rouleaus herunter, langsam kam die Dunkelheit. Wir haben nicht bemerkt, dass all das nur den Zweck hatte, uns vorzubereiten auf das Endziel, das den Machthabern vor Augen steht: die Wiedererrichtung der Diktatur; uns vorzubereiten darauf, dass wir uns damit abfinden. Der Plan ging auf, und wir waren vielleicht noch nie so nah daran, Metternichs berühmte Spottworte Wirklichkeit werden zu lassen, der gesagt haben soll: »Der Balkan beginnt am Rennweg«, also im dritten Bezirk von Wien, wo die Landstraße nach Ungarn ihren Anfang nahm. Nach zwei Jahrzehnten stehen wir jetzt wieder bei Null und müssen ganz von vorn anfangen.

Dabei hätten wir die Möglichkeit gehabt, der Rückwärtsbewegung ein Ende zu setzen, es hätte eine Chance gegeben, die Machtberauschten zu stoppen. Am vielversprechendsten ganz am Anfang des Jahres 2012, am Tag nach Neujahr, auf der großen Demonstration der Opposition vor der Oper in Budapest. Wären wir damals in die Oper hineingegangen, lebten wir jetzt in einem anderen Land. Dann hätten wir jetzt keine Selbstbeweihräucherung, keinen Brief zur »Konsultation mit dem Volk« vom Ministerpräsidenten im Briefkasten, er würde sich nicht von unserem Geld im Dorf seiner Kindheit sein quasi privates Fußballstadion bauen lassen, und in der Welt würde man nicht über uns reden und schreiben wie über eine Art Banditenland. An jenem Abend in der Oper feierte die Rechte die gestürzte Verfassung, den beginnenden Todeskampf der parlamentarischen Demokratie, und wir sind nicht hineingegangen. Auf der Andrássy-Straße versammelte sich eine immer größere Menge, die zum Fest anreisenden rechten Gäste zogen es vor, sich im Schutz der alten Mauern der Oper von der Seite und von hinten ins Gebäude zu stehlen. Vielleicht hatten sie ein schlechtes Gewissen, vielleicht fürchteten sie sich. Auch der Ministerpräsident trat nicht auf den Balkon, um mit dem Volk zusammen die neue Verfassung zu feiern; als er fertig war, kam er durch den Hinterausgang und sprang im Schutz eines Polizeispaliers ins Auto. Was für ein erhebender Feiertag!

Bis dahin waren uns die Augen aufgegangen, dennoch blieben wir draußen, wir gaben uns mit dem bloßen Anblick unserer selbst zufrieden. Wir redeten uns ein, dass man das so »kultiviert« machen müsse. Es war eine Kundgebung der Budapester Elite, die bis heute stolz darauf ist, dass sie keine Mülltonnen und Autos anzündet. Doch keiner von denen, die auf der Bühne standen, stellte die naheliegende Frage, ob wir, wenn wir alle Rechte verloren haben, nicht eher Barbaren sind als Kulturmenschen. Man hätte auch Victor Hugo zitieren können: »Wenn Diktatur eine Tatsache ist, wird Revolution ein Recht.« Dabei gilt, was Aung San Suu Kyi, die Friedensnobelpreisträgerin aus Myanmar, einmal gesagt hat: »Eine offenkundige Diktatur ist besser als die Parodie einer Demokratie. Denn solange es eine Parodie ist, können die Leute so tun, als liefe alles gut, und müssen nicht zu den notwendigen Taten schreiten.« Tatsächlich schritten wir nicht zur Tat, und so wurde die Rechtsberaubung am nächsten Tag fahrplanmäßig fortgesetzt, denn das System war auch damals schon von den Gesichtspunkten der sich formierenden Diktatur geleitet: Die Kameras des öffentlich-rechtlichen Fernsehens zeigten die leere Andrássy-Straße. Die protestierende Menge von mehreren zehntausend Menschen war nicht zu sehen! Doch statt uns elementar zu empören, nahmen wir wieder nur kultiviert zur Kenntnis, dass die, die uns hätten schützen sollen, uns leugneten.

Der Preis, den wir für unsere »Kultiviertheit« zahlen, ist furchtbar. Ein zu allem entschlossener, autoritärer Wille trifft auf eine Opposition, die die auf sie einstürzenden Übel pedantisch nach und nach vermisst, die die Diktatur als eine Art vergänglicher Anomalie geschwätzig in Analysen zerlegt, und das kann nur verhängnisvoll enden. Ungarn, das seine Verbündeten statt im Westen nun im Osten sucht, hat sich weit von den Hauptströmungen der internationalen Entwicklung entfernt. Jetzt saugt es Europa noch das Geld aus wie ein Egel das Blut, aber wenn es einmal voll ist oder wenn einer der Spender es angeekelt abzupft, fällt es herunter. Die fleißigen, effizienten Völker des Westens wollen nichts mehr wissen von unseren heimtückischen Politikern, von unserem Schmarotzertum, von den Schlaumeiereien der Art »als letzter in die Drehtür hineingehen, als erster herauskommen«, und den Bewohnern des Ostens bleiben wir für immer ein fremder Gedanke. Und dann, erst dann, wird das kollektive Erwachen kommen, Weinen und Zähneknirschen, Gewissensbisse, aber es wird zu spät sein. Auch jetzt ist es schon zu spät. Mit einem Bein stehen wir schon im Osten, zwischen den Mitgliedstaaten der ehemaligen Sowjetunion, und wenn uns in Zukunft auch dieses Regime im Nacken sitzt, werden wir bald mit beiden Beinen dort stehen. Dabei gibt es dort nichts für uns, nur Staub und Asche, und in den Augen der vielen östlichen Tyrannen sind wir auch nichts anderes als Staub und Asche. Was haben wir denn auch, was sie brauchen, was sie nicht anderswo billiger und in besserer Qualität kaufen können?

Irgendwann einmal wird sich herausstellen, wann im Kopf des Ministerpräsidenten die Entscheidung gefallen ist, dass unsere Zukunft nicht im Westen, sondern im Osten liegen soll, und dass er eigentlich Lust hätte, eine Diktatur zu errichten, keine Demokratie. Denn am 17. November 2007 erklärte er der Zeitung *Magyar Hírlap* noch: »Im Westen haben wir etwas zu suchen. Im Osten haben wir nichts zu suchen.« Das war nicht das einzige Versprechen, das er und seine Partei nicht gehalten haben. Als sie in der Opposition waren, versprachen sie, die Rentenersparnisse nicht anzutasten, aber dann nahmen sie sie weg. Sie versprachen eine radikale Steuersenkung, stattdessen wurden mehrere Dutzend neue Steuern eingeführt. Sie versprachen die Befreiung von Studiengebühren, dann kamen die Studiengebühren, um ein Mehrfaches so hoch wie früher. Sie bestritten, dass sie Pläne zur Änderung der Verfassung hätten, dann änderten sie sogar den Namen der Verfassung. Sie griffen den früheren Plan der Sozialisten an, die Wahl in einem Durchgang durchzuführen, dann setzten sie ihn um. Sie versprachen, den Ungarn im Ausland kein Stimmrecht zu geben, und gaben es ihnen doch. Im Februar 2008 sagte Viktor Orbán im öffentlich-rechtlichen Fernsehen: »Die Frage ist, ob Ungarn fähig sein wird, sich in das europäische System der Gesellschaften und Wirtschaften auf Wissensbasis einzuklinken.« Jetzt propagiert Fidesz eine Gesellschaft auf Arbeitsbasis. In demselben Jahr sagte Orban in der Sendung *Tatsachen* im TV2: »Ein einheitlicher Schlüssel für die Einkommenssteuer ist nicht möglich, es muss mehrere Kategorien geben.« Und wie viele wurden eingeführt? Natürlich eine. Mehr Ärzte und Pflegepersonal versprachen sie, mit der Zeit wird es in den Krankenhäusern nur Kranke geben, Personal bleibt nicht übrig. Sie versprachen, die Verschuldung der Krankenhäuser zu begleichen, sie haben sie nicht beglichen. Sie versprachen, dem Gesundheitswesen das Geld zurückzugeben, das ihm frühere Regierungen entzogen hatten. Das haben sie nicht getan, im Gegenteil: Sie haben noch mehr Geld entnommen. Sie haben eine Million neue Arbeitsplätze in zehn Jahren versprochen, daraus sind hunderttausend geworden, zumeist wert- und sinnlose gemeinnützige Arbeit. Sie sprachen von sieben Prozent Wirtschaftswachstum, 2012 sind daraus minus zwei Prozent geworden, 2013 so plusminus null. Und aus diesem Nichts geben sie jetzt Versprechen ab, nur um bleiben zu können. Noch haben sie etwas mit uns vor. Noch haben sie nicht jedem alles genommen.

Was sind das für Menschen? Na, und was für eine Partei ist es, die duldet, dass ihr erster Mann seinen Standpunkt nach Lust und Laune wechselt? János Kádár waren in der kommunistischen Diktatur stärker die Hände gebunden als jetzt Viktor Orbán; ein westlicher Politiker würde mit Sicherheit daran scheitern, wendete er sich in einer solchen Weise gegen die erklärten Prinzipien seiner Partei. Aber Orbán kennt solche Sorgen nicht, denn so wie er hat auch seine Partei keine Prinzipien. Die Fidesz-Partei ist ein ideologieloser, auf Ergatterung spezialisierter Mutant. Rechts sind sie nicht, denn wenn sie es wären, würden sie den Wettbewerb und die Märkte schätzen, würden nicht alles zentralisieren und keine linksextreme Wirtschaftspolitik verfolgen; links sind sie nicht, denn wenn sie es wären, würden sie nicht die Ärmsten ins Elend stürzen, sie würden die Schere zwischen Arm und Reich nicht vergrößern, sondern verkleinern; konservativ sind sie nicht, denn wenn sie es wären, dann würden sie zwei oder drei Gesetze im Jahr modifizieren, nicht zwei- oder dreihundert; Kapitalisten sind sie nicht, denn wenn sie es wären, würden sie Markt, Wettbewerb und Unternehmen nicht feindlich gegenüberstehen; demokratisch sind sie nicht, denn wenn sie es wären, würden sie die Gesetze einhalten und nicht mit Füßen treten und die demokratischen Rechte nicht einengen, sondern ausweiten; christlich sind sie nicht, denn wenn sie es wären, würden sie die Evangelien kennen und also die Armen nicht verfolgen, sondern ihnen helfen, und selbst ihr Antikommunismus ist nicht aufrichtig, denn auch ihre Partei ist voller ehemaliger Kommunisten. Vielleicht passt am ehesten die Charakterisierung Stendhals zu ihnen: Er war der Ansicht, dass nur in der Schuld glücklich sein kann, wer keinerlei Gewissensregungen verspürt, obwohl er selbst niemals einen solchen Menschen getroffen habe. Welch ein glücklicher Mann war Stendhal, welch ein glückliches Land Frankreich.

Hatten wir auch nicht zwei Jahrhunderte, so hatten wir doch zwei Jahrzehnte, um nicht nur körperlich, sondern auch im Geist zu einem westlichen Land zu werden. Oder uns wenigstens auf den Weg in diese Richtung zu machen. Nicht Österreich war das reelle Ziel, sondern die Vorstellung, dass auch bei uns die Grundlagen für das neidvoll beäugte westliche Lebensmodell geschaffen werden könnten: die Zusammenarbeit zwischen dem korrekten Staat und dem Bürger mit unruhigem Geist, der aus eigener Kraft glücklich werden will. Unsere Politiker hätten eine Regierungskultur erlernen können, zusammen mit der Erfahrung, dass tatsächlich Ehrlichkeit die beste Politik ist. Vor etwa zweihundert Jahren hat Abraham Lincoln mit einem Rätsel darauf verwiesen: »Wie viele Beine hat ein Hund, wenn man den Schwanz auch ein Bein nennt? – Vier«, antwortete Lincoln. »Nur weil man einen Schwanz ein Bein nennt, wird er dadurch noch lange keins.« Unser Hund hingegen hat so viele Beine, wie sein Herrchen sich nicht schämt zu behaupten.

Schon in den ersten paar Jahren der Wende läutete ständig die Alarmglocke, aber es fehlte die geistige und moralische Autorität, wir hatten keinen Václav Havel, der vielleicht hätte verhindern können, dass wir in unser Unglück rennen. Nach langen Jahren des Opportunismus und einer Reihe von hingenommenen diktatorischen Schritten ist die Frage entschieden: Ungarn ist aus dem Wettbewerb ausgestiegen, die Welt wird uns weiterhin als ein armes, wütendes und jammerndes Volk sehen. Vor uns liegt die ungewisse Zukunft; sicher ist nur, dass ein Land unterhalb eines gewissen Niveaus menschlicher Qualitäten ausschließlich ins Nichts gesteuert werden kann. Das ist Ungarn in den 1930/40er Jahren zum Verhängnis geworden, und es droht jetzt wieder. Damals führte uns der blinde Antikommunismus, Antisemitismus, irredentistische Fanatismus ins Unheil, jetzt der Nihilismus unserer Regierenden, der sich jeder Moral und jeder Regel verweigert. Mit der Zerstörung der Rechtsordnung und der Eigentumsverhältnisse ist die Fidesz-Partei in die Gesellschaft radikaler Ideologien geraten, wie es Kommunismus, Nazismus und radikaler Islamismus sind. Vor offener Gewalt hat sich die Partei bisher immer gescheut – sie hatte ja auch keinen Grund oder Vorwand dafür –, andererseits bekennt sie dasselbe wie jene: Alles ist erlaubt, der Wille der Herrschenden kann durch nichts eingeschränkt werden. Auf wen sich eine Diktatur dafür beruft – auf den Propheten Mohammed, auf den Führer, auf die bolschewistische Partei oder auf die Zweidrittelmehrheit im Parlament –, ist völlig egal.

Sehr verräterisch hat sich dazu János Lázár, als Staatssekretär des Ministerpräsidenten eine der Schlüsselfiguren des Orbán-Systems, am letzten Tag des Jahres 2011 geäußert: »Bis zum Juni 2012 wird sich in diesem Land alles verändert haben.« Viktor Orbán hatte aber schon ein Jahr zuvor über dasselbe gesprochen: »Die Umstellung ist geschehen, wir haben das Fundament gelegt, es ist an der Zeit, das Gebäude hochzuziehen, mit anderen Worten: Ungarn zu erneuern.« Hitler sagte den Deutschen 1933: »Gebt mir zehn Jahre Zeit, und ihr werdet Deutschland nicht wiedererkennen.« Hitlers Terrorsystem ist in der eigenen Hölle verbrannt, das der Kommunisten konnte im Wettbewerb mit der Freiheit des Westens nicht mithalten. Orbáns System, das zu keiner messbaren Leistung fähig ist, wird einzig von der schrecklichen Machtlosigkeit und Willensschwäche aufrechterhalten, die das Volk befallen haben. Lázár hatte aber Recht damit, dass sich im Land alles geändert hat. Alle Faktoren, die für das Wohlergehen und die Entwicklung eines modernen Landes verantwortlich sind – Rechtssicherheit, Geschäftsvertrauen, Regulierungsmilieu –, liegen in Trümmern, beinahe alle Institutionen und Wirtschaftszweige stehen auf unterschiedlichen Stufen des Verfalls und der Zerstörung.

Diese Gesellschaft, die sich in Zeitungsanzeigen und auf Straßenplakaten ständig selbst beweihräuchert, hat keine Ahnung, was sie mit der Wirtschaft anfangen soll: Außer wöchentlichen Steuererhöhungen und getricksten Geldeintreibetechniken kennt sie keinerlei Mittel, mehr Geld in die Staatskassen zu bekommen. Um dann, wie in jedem normalen Land, aus dem wachsenden Nationaleinkommen zu bauen, zu entwickeln, zu erweitern, Dienstleistungen zu erbringen. Um daraus die Löhne zu erhöhen und das Volk glücklich zu machen. Denn erst auszurauben und dann die Beute zu verteilen, ist doppelte Sünde: So wird nicht nur die Gegenwart, sondern auch die Zukunft zerstört. Sechshundert neue Gesetze und mehrere tausend geänderte Verordnungen der Fidesz-Regierung haben auf keinem Gebiet zu irgendeiner Verbesserung geführt. Ausnahmslos alles ist schlechter geworden, sogar der Fußball, der ebenfalls die Anzeichen des allgemeinen Verfalls und Niedergangs zeigt. Und selbst wenn die Regierung den Menschen das Geld noch unter der Matratze hervorzieht und blindwütig überall Stadien baut, wird es immer schlimmer werden. Denn wenn ich aus der Kasse herausnehme, was und wozu auch immer ich will, wenn ich meinen Ministerpräsidentenfinger hochhalte und schaue, ob der Wind von Osten oder von Westen weht, dann ist das nicht nur keine wettbewerbsfähige Methode, sondern der schnellste Weg zum Zerfall, und wenn sich einmal alles gegen uns verschwört, dann auch zum völligen Abstieg. Ungarn wird freilich nicht versinken wie Atlantis, aber wo für Millionen ein einziger Mensch die Wahrheit verkörpert nur dadurch, dass er existiert, da gibt es keine Chance. Wir werden immer Olympiasieger haben, erstklassige Wissenschaftler und auch im Ausland gefragte Künstler, aber nach und nach werden wir uns überall durch den Hinterausgang entfernen müssen wie der Ministerpräsident am Abend jenes verhängnisvollen zweiten Januar.

Es heißt, auch viele von den Rechten sehen inzwischen das Problem und schweigen trotzdem. Angeblich, damit sie nicht von den Ihren verstoßen werden, denn da ist vielleicht sogar der Tod besser. Außerdem fühlen sie sich endlich gut, sie haben ja sozusagen das Land von der Linken zurückerobert. Jetzt kommen wir, sagen sie. Dann werden nach den reichlich an sie ausgeteilten Staatsmilliarden nun natürlich auch die internationalen Literaturpreise nur so auf sie herabregnen wie auf Imre Kertész, außerdem werden sie zu Ehrenmitgliedern der Britisch-Königlichen Musikakademie gewählt wie Iván Fischer, und der deutsche Bundespräsident lädt anlässlich seines Geburtstages nicht György Konrád, sondern einen von ihnen zum Tee ein.

Die linken Intellektuellen haben weniger Trost – außer ihren Laptops ist ihnen beinahe nichts geblieben. Die Einkommensmöglichkeiten sind auf ein Minimum geschrumpft, viele hungern, ihre Presse und ihr einziger Radiosender sind ausgeblutet, Möglichkeiten zu Werbeeinahmen sind ihnen genommen, in den rechts beherrschten Städten sind viele bekannte oppositionelle Schriftsteller Persona non grata, dennoch wollen sie nichts davon hören, dass hier Diktatur sein soll. Wo denn, schließlich darf man in ein oder zwei alternativen Theatern noch widersprechen! Aber untereinander nennen sie den Ministerpräsidenten Viktor, vielleicht damit das Ganze nicht so schrecklich wirkt. Trotz Orbáns im Wesentlichen unbeschränkter Einpersonenmacht, ohne Hindernisse zugestanden von der ihm hörigen parlamentarischen Mehrheit, seinen untertänigen, in Schlüsselpositionen gehievten Dienern, gefördert durch das Fehlen der von ihm liquidierten demokratischen Kontrollinstanzen, durch den Präsidenten, dessen Loyalität statt dem Volk dem Ministerpräsidenten gehört, und durch die öffentlichrechtlichen und rechten Medien und deren Massenmanipulation – die linken Intellektuellen halten auch weiterhin die parlamentarischen Wahlen für die Trennlinie zwischen Freiheit und Willkürherrschaft, obwohl die Demokratie nicht einfach ein Stück Papier ist, das man alle vier Jahre in eine Urne wirft.

Wir haben die Grauzone verlassen, unsere Lage wird von Monat zu Monat schlimmer. Das Rechtssystem ist den Bedürfnissen der herrschenden Partei angepasst, das Leben der Ungarn ist geprägt von Grunderfahrungen der Unberechenbarkeit, Unsicherheit und Angst. Ungarn ist heute ein Ort, wo ein Kind, das beim Schokoladendiebstahl ertappt wird, bloßgestellt werden kann, aber wenn der Staat vielen tausend Menschen ihre Tabakläden wegnimmt und ihnen so die Existenzgrundlage entzieht, dann dürfen die neuen Besitzer »Nationaler Tabakladen« an die Läden schreiben. Wo es in einer Stadt, deren Bürgermeister es gewagt hat, sich der Macht zu widersetzen, aus Rache einen Tag lang keinen Strom gibt und am anderen keine Müllabfuhr. Wo an Nationalfeiertagen mehr Polizisten und Polizeiautos als Feiernde zu sehen sind, wo die Zigeuner in der Provinz sogar fürs Tannenzapfensammeln mit Gefängnis bestraft werden, wo Hunderttausende keine Rente haben, Hunderttausende ohne jegliche Versorgung bleiben, Hunderttausende an unbezahlbaren Kreditschulden ersticken, wo sogar die Reichen sich schlecht fühlen, wo unter der Oberfläche die alternative, nicht besteuerbare, illegale Welt derer immer weiter wächst, die nicht gewillt sind, der Regierung zuliebe zu verhungern: mit Kneipen, Fleischverarbeitungsbetrieben, Restaurants. Wo in einem Krankenhaus der Hauptstadt von sechzehn Chirurgen noch sechs übrig sind. Müssten nicht auch die sich hier behandeln lassen, derentwegen diese Ärzte ins Ausland gegangen sind? Damit nicht nur immer anständige Menschen wegen der mangelnden medizinischen Versorgung sterben.

Obwohl dieses Regime unsere Hoffnungen, Anschluss an Europa zu bekommen, endgültig erstickt hat und Ungarn jetzt auch schon hinter den osteuropäischen Ländern zurückbleibt, sind viele Linke noch immer der Meinung, dass auch Viktor Orbán eine erfolgreiche Nation zum Ziel hat. Ist das wirklich so? Warum wechselt er dann nicht Methode und Richtung? Schließlich glauben ihm doch schon die Wirtschaftsfachleute in seinem eigenen Lager nicht mehr. Den Anhängern der Demokratie fällt es schwer zu akzeptieren, dass derjenige, der vom Volk gewählt wurde, sich auch gegen das Volk wenden kann; sie verstehen nicht, dass den Diktator ausschließlich sein eigenes Schicksal beschäftigt, dass, wenn es nach ihm geht, alle anderen verhungern können. Nein, wenn Viktor Orbán wirklich daran interessiert wäre, was aus Ungarn wird, würde er nicht das internationale Prestige seiner Heimat zerstören, würde er nicht die Banken ruinieren und die Investoren vertreiben, ohne die, das weiß auch er ganz genau, ein Land nur dahinvegetiert. Dann würde er sich nicht mit ausgebrannten Zynikern umgeben, die zu allem bereit sind, sondern mit Menschen, die ihren Abschluss an ausländischen Eliteuniversitäten gemacht haben, die gebildeter sind als er selbst, die die moderne Welt verstehen und Lösungen für ihre Probleme finden können. Wie sollte derjenige den Erfolg seiner Nation im Blick haben, der damit prahlt, dass er mit den in die neue Verfassung geschriebenen Gesetzen den zukünftigen Regierungen auf vierzig Jahre die Hände gebunden habe? Fesselt etwa ein Kapitän den Passagieren die Hände, damit sie auf keinen Fall fliehen können, wenn das Schiff ein Leck bekommt?

Ich denke schon seit langem, der Ministerpräsident lebt gern in dem Bewusstsein, dass ihm alle Möglichkeiten offenstehen. Er kann strafen, erheben, Rache nehmen, auflösen, schaffen – er lebt anstelle seines eigenen Lebens das Leben der Anderen. »Menschen wie ich wollen etwas Bedeutendes, etwas Außerordentliches zustande bringen«, sagte er im Juli 2013 dem *Wall Street Journal*. Und gibt es etwas Außerordentlicheres, als ohne Grenzen zu leben? Normalerweise erträgt man die Regeln, die die Zivilisation am Leben erhalten: die Autorität der Eltern, die Verkehrszeichen, die Anweisungen des Arztes – und so erträgt der Politiker die Rechtsordnung, die seine eigene Macht im Rahmen hält: die Verfassung, die Entscheidungen der Gerichte, die Existenz politischer Gegner. Aber Orbán ist dazu nicht fähig, nichts weist darauf hin, dass er sich der Verantwortung seines Amtes bewusst ist. Es gibt bei ihm keinerlei Anzeichen von Empathie oder Gespür für die Wirklichkeit, dabei kann man so nicht einmal eine Straßenbahn fahren, geschweige denn ein Land irgendwo hinführen. Und wenn wir zulassen, dass er sich von dem letzten Hindernis befreit, das ihm im Weg steht, nämlich von unserer Mitgliedschaft in der Europäischen Union, dann wird er wirklich frei sein – und wir endgültig und hoffnungslos versklavt. Denn er hat kein Problem mit Europa und dem Internationalen Währungsfonds, er hat eines mit sich selbst. Tyrannen sind nun einmal komplizierte Seelen.

Damit es keine Missverständnisse gibt: Auf Ungarn lasten seit beinahe vier Jahren keineswegs nur die nicht immer absehbaren Folgen politischer Fehlentscheidungen, viele Entscheidungen schaden durchaus mit Absicht. Boden, Geschäfte, Geld und Spargenossenschaften wurden anderen Besitzern in die Hände gespielt, doch das ist nicht Bildung von neuem Kapital, sondern eine Straftat, auch wenn dabei nicht die Ledermantelmänner des einstmaligen stalinistischen Staatsschutzes behilflich waren, sondern Rechtsanwaltsbüros, die dafür Millionen in Rechnung stellen, und auch wenn dieser Eigentümerwechsel vom »demokratischen« Parlament abgesegnet wurde. Wenn der Staat statt der billigen IWF-Kredite doppelt so teure Kredite aufnimmt, dann ist das kein »wirtschaftlicher Freiheitskampf«, wie es Viktor Orbán zu Propagandazwecken nennt, sondern ein Schaden und eine Veruntreuung von vielen hundert Milliarden Forint. Und natürlich ist das normale Funktionssystem der parlamentarischen Demokratie nicht allein wegen der parlamentarischen Zweidrittelmehrheit zusammengebrochen, sondern wegen des mit zwei Dritteln beschlossenen niederträchtigen Missbrauchs.

Der Kampf, in den der Ministerpräsident sich selbst und seine Regierung hineingesteigert hat, enthält kein einziges akzeptables Element. Denn Kämpfe für unrechte Ziele aus unrechten Gründen und mit unrechten Mitteln sind zum Untergang verurteilt. Früher oder später werden auch Orbán und seine Vasallen im Schlamassel sitzen; die Frage ist nur, ob nur sie allein oder das ganze Land. Und was dann nach ihnen kommt. Ob die irgendwann – wer weiß, wann – siegreiche Opposition der Wahrheit dienen will und kann oder ob sie, von den Zweidrittelgesetzen geknebelt, durch den Hintereingang hinein- und hinausschlüpfen wird wie die rechten Gäste der Oper. Denn der allgemeinen Ruhe wird es nicht dienen, wenn eine andere Regierung dann vor diesen Straftaten die Augen verschließt, sie muss Vergeltung üben. Und viele linke Intellektuelle denken falsch: Das wird dann keine Rache sein, sondern Wiedergutmachung, die für die Beseitigung der Unmengen von Ungesetzlichkeit, Unrecht, Schaden und Leid, die Fidesz verursacht hat, unumgänglich ist. Für die vierzig Jahre des Kommunismus war nicht mehr so recht jemand da, den man zur Verantwortung ziehen konnte – das System hatte bis dahin ohnehin beinahe alle aufgesaugt –, aber für diese vier Jahre gibt es sehr wohl jemanden. Die Vertreter der Regierungspartei, die ohne einen Laut des Widerspruchs für die Gesetze stimmten, die zur Diktatur führten, die Regierungssprecher, die uns Tag für Tag belügen und mit ihren unverschämten Äußerungen Millionen unschuldige, arglose Bürger unseres Landes beschimpfen, die Juristen, die bereit sind, gegen die Demokratie einzusetzen, was sie in der Schule der Demokratie gelernt haben, die Politiker, die von einer Million Forint im Monat Milliarden eingespart haben … Nur aus dem Büro des Staatspräsidenten, aus dem Sándor-Palais, kommen vielleicht blasse Anzeichen schlechten Gewissens. Man kann den Eindruck gewinnen, der Präsident sei besorgt, er spüre, dass die gegenwärtige Situation einmal zu Problemen führen könnte, aber offenbar hat auch er nicht die Kraft auszusteigen. Die anderen verrichten gleichgültig ihre Arbeit wie die Schaufelräder eines Dampfschiffs, sie schwimmen mit dem Strom, nichts zeigt, dass sie die Redewendung kennen, dass der Krug so lange zum Brunnen geht, bis er bricht. Was wird aus ihnen? Was wird in einem einst wieder freien Ungarn aus diesen Menschen? Oder geht alles weiter, als wäre nichts geschehen?

Und was wird aus den Chefredakteuren der rechten Medien, die Viktor Orbán blind ergeben sind, den niederträchtigsten Dienern der Diktatur? Sie haben nicht einmal eine weltverändernde Ideologie im Hintergrund, wie sie einstmals den glaubenstreuen Kommunisten zur Selbstbestätigung verhalf. Das Ganze bedeutet für sie nur Geld, Auto, Haus, Reisen, Auszeichnungen, geheime Bankkonten. Die massenweisen Lügen und irrsinnigen Behauptungen, die die rechten Wähler, unter ihnen auch Bekannte von mir, nachplappern, haben sie aus ihren Blättern, Radio- und Fernsehsendern, und was sie wissen müssten, wissen sie nicht, denn das wird verschwiegen. In einem Land, in dem ein Grundschüler der Urkundenfälschung bezichtigt werden kann, wenn er anstelle seiner Eltern den Entschuldigungszettel schreibt, wird sich doch wohl ein Paragraph für diejenigen finden, die Millionen kontinuierlich und aus finanziellen Gründen in die Irre führen. Ein einziger Paragraph, und es ist auch nicht schlimm, wenn er nur symbolisch ist! Das Stadion des Ministerpräsidenten aber sollte der dann wieder demokratische ungarische Staat verstaatlichen und vom Unkraut überwuchern lassen. So wird es dort stehen als unverrückbares Denkmal zur ewigen Erinnerung an eine entgleiste Zeit.

Aus dem Ungarischen von Christina Kunze

RASMUS ALTHAUS

helpen worde nicht, so helpen slege

Worte helfen: Sie ankern in den Dingen und führen uns an langen Ankerleinen bis auf den Grund. Oder sollte ich sagen: Man kann sie auf den Grund sinken lassen wie eine Sonde?

schlacht. zum verbum schlagen gebildet. kampf zweier heere. (Deutsches Wörterbuch der Brüder Grimm, DWB)

1813, vor gut zweihundert Jahren, *schlugen* sich die Verbündeten (Preußen, Österreich, Russland) mit Napoleon vor Leipzig. 25 Jahre später, 1838, beginnen die Brüder Grimm mit der Arbeit an ihrem in Leipzig erscheinenden *Deutschen Wörterbuch*. Die Vision der Grimms sieht vor, durch eine vollständige Sammlung des Deutschen Wortschatzes eine philologische Einheit über Deutschland zu bringen, eine sprachliche Selbstvergewisserung, der eine politische und gesellschaftliche Einheit der wie immer zerstrittenen deutschen Länder folgen soll. Sie unterschätzen den Aufwand. Wechselnde Herausgeber arbeiteten (zuletzt parallel in Ost-Berlin und Göttingen) an dem Vorhaben weiter bis 1961 – dem Jahr des Mauerbaus.

schlag. die handlung des schlagens, zunächst von menschen ausgehend und auf menschen gerichtet, in der absicht, sie zu verletzen. schlag mit einer waffe. (DWB)

Der Journalist Carl Bertuch beschreibt 1813, wie er, ausgerechnet von Weimar kommend, die Schauplätze der soeben beendeten Schlacht bei Leipzig besucht. Neben der Behandlung praktischer Fragen wie der Fortbewegung im Schlachtgebiet nimmt er die Zustände unmittelbar vor und in der Stadt zur Kenntnis: »Schwer Verwundete suchten sich, auf Händen und Füßen kriechend gegen das militärische Getümmel, welches die Mitte der Straße füllte, und wo der Menschenstrom über die Toden, wie über Pflastersteine weggieng, zu sichern … Bei jedem Schritt stießen wir auf Tode, nackend oder bis aufs Hemde entkleidet … Kaum konnten wir durch die Trümmer uns hindurchwinden, zwischen denen Sterbende ächzten, und schwer Verwundete mit den letzten Anstrengungen ihrer Kräfte am Boden fortkrochen. Einzelne Wachfeuer loderten zwischen den Leichenhügeln auf, an denen der abgehärtete Krieger ruhig sich sein Abendessen bereitete.«

Eine der bis dahin blutigsten und größten Schlachten der Weltgeschichte war soeben zu Ende gegangen. Die Zahl der Toten (etwa einhunderttausend) überstieg die Zahl der Einwohner Leipzigs; die Zahl der beteiligten Soldaten (etwa sechshunderttausend) die der Einwohner der Stadt heute.

schlag: todesstreich. niederlage eines heeres: der feind hat schläge bekommen. (DWB)

Napoleon, der seine Niederlage gesehen haben muss, hält seine Stellungen an der Quandtschen Tabaksmühle in Probstheide länger als notwendig, um nur den Rückzug seiner Truppen zu sichern. Vor allem dadurch kommt es zu so erheblichen Verlusten auf beiden Seiten. Er klammert sich an der längst verlorenen Schlacht fest. Die Soldaten kämpfen um jedes Haus; die Lehmmauern, die die Höfe des Dorfes umsäumen, bilden vorzügliche Stellungen. Bei Einbruch der Dunkelheit *bivouacqiren* die Truppen beider Heere nur wenige Meter voneinander entfernt, zwischen den zerschossenen Häusern verschanzt. Eine merkwürdige Vorausschau auf den Ersten Weltkrieg.

Fürst Schwarzenberg, Heerführer der Verbündeten, muss seinen Sieg gesehen haben, doch er zögert noch, den Westen Leipzigs zu besetzen und so den Ring um die Stadt zu schließen und Napoleons Flucht zu vereiteln. Die Ehrfurcht vor dem Unbesiegbaren ist noch zu groß.

Am nächsten Morgen stellt man erst fest, dass sich Napoleons Truppen während der Nacht bis hinter die Mauern der Stadt zurückgezogen haben, ohne dass es jemand bemerkt hätte. Nicht weit vom zerschossenen Dorf Probstheide steht heute das Völkerschlachtdenkmal.

in den marschländern ist schlag oder deichschlag der jemandem zur instanderhaltung zugewiesene theil eines deiches oder weges. (DWB)

Morgens bringe ich meinen Sohn mit dem Fahrrad in die Krippe. Von Leipzig-Thonberg durch Stötteritz hindurch bis nach Probstheida hinaus. Vorbei am Völkerschlachtdenkmal, ein Wort, das mein Sohn bald lernt. Einmal ruft er: »Hier kommt der Völker Schlacht!«

Zwei Tage in der Woche bin ich für die Gewässerunterhaltung Leipzig (Fließgewässer II. Ordnung, Ost-Südost) tätig und kontrolliere die Wasserstände und Abflussprofile der Gräben und Flüsse im Leipziger Südosten von Baalsdorf über Probstheida, Meusdorf, Liebertwolkwitz und Wachau bis nach Connewitz. Es vergeht einige Zeit, bis mir klar wird, dass ich mich tagtäglich auf blutigstem Terrain bewege.

schlag in gewöhnlichem sinne, ausdrücklich von der verwundung geschieden. die lippen des narren bringen zanck, und sein mund ringet nach schlegen. (DWB)
boxen: entlehnt aus englisch box »mit der Hand schlagen, stoßen.« (Deutsches Fremdwörterbuch)

Im Jahr 1899 besorgt Moritz Heyne Band 9 des von den Grimm-Brüdern begonnenen *Deutschen Wörterbuches*, der unter anderem das Schlagwort *Schlag* abhandelt.

Im selben Jahr beginnt eine zunächst als »Boxeraufstand« bekanntgewordene Erhebung Chinas gegen die europäischen Kolonialmächte. Der Deutsche Gesandte Clemens von Ketteler fällt einem Anschlag zum Opfer. Chinesische Rebellen belagern das Botschaftsviertel von Peking. Die europäischen Diplomaten, ausländische Händler, christliche Missionare sowie chinesische Christen verschanzen sich zum Schutz vor Übergriffen. Eine breite Koalition der Kolonialmächte (Italien, Frankreich, Deutschland, England, Österreich und Russland sowie Japan und die Vereinigten Staaten) befreit sie mit einem Militärschlag und plündert daraufhin die Stadt. Der Deutsche Kaiser, achtzehn Jahre nach der Einheit noch unsicher in seiner Rolle als Global Player, wollte Entschlossenheit zeigen und hat die Truppen mit den ominösen Worten: »Kommt ihr vor den Feind, so wird er geschlagen. Pardon wird nicht gegeben, Gefangene nicht gemacht« verabschiedet. (Die »Hunnenrede« – an die Deutschen sollen sich die Chinesen erinnern, wie Europa sich an die Hunnen erinnerte.)

Die Boxer (natürlich nur eine behelfsmäßige Übersetzung aus dem Chinesischen) sind kleine Verbände von etwa fünfundzwanzig Menschen, die einem spirituellen Anführer unterstehen, oft Meister der traditionellen Kampfkünste. Diese Verbände agieren vollständig autonom und zwingen den Besatzern nach ihrem militärischen Sieg in Peking eine Art Guerillakrieg auf und verüben weitere Anschläge auf Ausländer und chinesische Christen. Eine merkwürdige Vorwegnahme der asymmetrischen Kriege des 21. Jahrhunderts.

Der deutsche Feldmarschall Alfred Graf von Waldersee wird zum Oberbefehlshaber der alliierten Besatzungstruppen ernannt. Die deutschen Truppen, die zu spät eingetroffen sind, um zur Eroberung Pekings viel beitragen zu können, unternehmen kleine »Strafexpeditionen« zu vermeintlichen »Boxernestern« im Hinterland. Es kommt zu Plünderungen, Vergewaltigungen und Angriffen auf die Zivilbevölkerung. Die Deutschen, die verspätete Nation, gelten unter den Chinesen als die brutalsten unter den Besatzern. Eine merkwürdige Vorausschau auf das 20. Jahrhundert.

In Den Haag werden im selben Jahr die Konventionen zum Kriegsrecht verabschiedet, aber nicht auf die Situation in China angewendet.

Anschlag: das Anschlagen. Art und Weise des Anschlagens: einen harten Anschlag haben (auf einer Schreibmaschine). (Wahrig, Deutsches Wörterbuch, WDW)

Am 1. Januar 1913, vor gut hundert Jahren und hundert Jahre nach der Völkerschlacht, beginnen die Arbeiten am Erweiterungsbau des Buchhändlerhauses am Gerichtsweg 26 in Leipzig. Ein ehrgeiziges Projekt findet hier seinen vorläufigen Standort: Der Börsenverein der Deutschen Buchhändler zu Leipzig, die Regierung der traditionsreichen Buchhändlerstadt Leipzig und das Königreich Sachsen haben sich gemeinsam darauf verständigt, eine Sammlung aller deutschsprachigen Neuerscheinungen zu erstellen und in einer Nationalbibliografie zu verzeichnen – die Deutsche Bücherei wird gegründet.

Aufgrund der föderalen Struktur des Deutschen Reiches sind alle früheren Versuche, etwas wie eine Nationalbibliothek einzurichten, gescheitert. Nun endlich finden alle Publikationen des rasch wachsenden deutschen Buchmarktes in der Bücherstadt Leipzig ihren Platz. Während der politischen

Teilung Deutschlands teilt sich auch die Sammlung, und von 1946 bis 1990 wird parallel in Frankfurt am Main eine westdeutsche Nationalbibliothek unterhalten. Ab 1990 werden beide Bestände als »Deutsche Bibliothek« wieder zusammengeführt, ab 2006 unter dem neuen Namen »Deutsche Nationalbibliothek«. Als ich wenige Jahre darauf in den Leipziger Osten ziehe, ahne ich nicht, dass wenige hundert Meter von meiner neuen Wohnung entfernt, beim noch immer nach der mittelalterlichen Hinrichtungsstätte benannten Gerichtsweg, die Nationalbibliothek ihren Anfang erlebt hat.

Das Anschlagen: Versteckspiel der Kinder. (WDW)
schläge als strafe, namentlich als züchtigung bei kindern; im mittelalter sehr üblich, auch bei gesinde und frauen. (DWB)
helpen worde nicht, so helpen slege (Mittelniederdeutsches Wörterbuch)

Am 27. Oktober 1813, wenige Tage nach der Völkerschlacht, wandert der fünfjährige Moritz Schreber mit seinem Vater über die Schauplätze der Schlacht und sammelt vier Flintenkugeln und einen schwedischen Knopf als Andenken. Der spätere Pädagoge und Orthopäde Moritz Schreber, der als Namensgeber der Kleingartenanlagen am bekanntesten ist, entwarf mechanische Apparaturen, die Kindern eine gerade Haltung angewöhnen sollten, und wurde mit der Aussage, dass auch Säuglinge mit Schlägen zu erziehen seien, oft (und oft ungenau) zitiert. Die Schweizer Psychoanalytikerin Alice Miller sah in ihm den prototypischen Vertreter einer schwarzen Pädagogik, die sich bemüht, den Willen des Kindes mit Gewalt zu brechen und wie in einem Initiationsritus zu Sadismus und wiederum gewalttätiger Erziehung zu erziehen. Moritz Schrebers Sohn Daniel Paul Schreber, ein hoher Richter, der mit seinen *Denkwürdigkeiten eines Nervenkranken* die eigene Schizophrenie beschrieb, wurde von Sigmund Freud als Beispiel für die Folgen einer gestörten Entwicklung der kindlichen Sexualität angeführt.

Haben die Leichenhaufen, die an jenem 27. Oktober 1813 noch vor den Toren Leipzigs gelegen haben müssen, den fünfjährigen Moritz Schreber traumatisiert? Und falls ja: Hat diese Traumatisierung sein wissenschaftliches Werk genauso wie die Erziehung seiner Kinder bestimmt? Haben die weitverbreiteten Schriften Schrebers die Pädagogik in Deutschland beeinflusst? Hat eine sadistische, schwarze, »deutsche« Pädagogik das 20. Jahrhundert geprägt?

Es gibt indes auch Stimmen, die Schrebers Apparaturen nur als Mittel zur Vermeidung der damals üblichen verstümmelnden Operationen sehen, als geringeres Übel. Neue Forschungen können eine genetische Ursache der Schizophrenie von Schrebers Sohn Daniel Paul wahrscheinlich machen. Damit wird allerdings auch die Theorie gestützt, dass der Pädagoge Schreber selbst unter schizophrenen Phasen litt. Die Beliebtheit seiner Schriften lässt sich ohnehin nur damit erklären, dass er Strömungen des Zeitgeistes bedienen konnte – gleichgültig, wie es um ihn als Menschen bestellt war.

Anschlag: Überfall, Angriff. Einen Anschlag verüben. (WDW)

Als Reaktion auf den Terroranschlag auf das World Trade Center vom 11. September 2001 wird Afghanistan 2002 von einer breiten westlichen Koalition besetzt. Auch die Bundesrepublik Deutschland, elf Jahre nach der Einheit noch unsicher in ihrer Rolle als Global Player, beteiligt sich an dem Einsatz in Afghanistan, und der damalige Verteidigungsminister Struck schickt die Bundeswehr mit der Aussage in den Einsatz, dass die Sicherheit Deutschlands am Hindukusch verteidigt werde. Immer wieder fallen deutsche Soldaten den Anschlägen der Taliban zum Opfer. Die Bundeswehrführung entscheidet sich dazu, mit den Provinzgranden, die den Drogenhandel kontrollieren, zu paktieren, um die Sicherheit der Truppe nicht zu gefährden. 2011 beginnt der schrittweise Rückzug aus Afghanistan. Der geplante Abzug bis 2014 (fünfundzwanzig Jahre nach der Wende) wird allem Anschein nach nicht zu halten sein.

2012, die komplizierte Logistik des militärischen Rückzugs kommt gerade in Gang, findet sich eine alte Schellackplatte, auf der sich die »Hunnenrede« des deutschen Kaisers über die Jahre gehalten hat.

schlag: in zahlreichen sprichwörtern. bildliche verwendungen. harte schläge des schicksals: doch schwielicht ward ich durch des unglücks schläge. schlag allein in demselben sinne, unglücksfall, kränkung, von menschen zugefügtes unrecht. (DWB)

Am Völkerschlachtdenkmal: Ein Van hat Plastiksäcke eingesammelt, die die sogenannten Ein-Euro-Jobber mit herumfliegenden Müllfetzen, Zigarettenkippen und vielleicht auch mit Laub gefüllt haben. Weiter hinten parken die Touristenbusse. Die Müllsäcke werden auf einen großen Anhänger geworfen. »Die Stimme des Blutes deines Bruders schreit zu dir von der Erde«, steht auf einer Tafel.

schlag: übertragen auf anderes mit der vorstellung des plötzlichen und verderbenden. von der bekannten krankheit, nervenschlag, herzschlag, lungenschlag; vom schlage getroffen oder gerührt werden. (DWB)

Im Rücken der Siedlung Probstheida, einem östlichen Vorort von Leipzig, umgeben von Feldern und Auen, liegen das Soteria-Suchtzentrum und das Park-Krankenhaus für psychosomatische Erkrankungen mit dem Herzzentrum. Bei einem Kontrollgang an der hier verlaufenden Östlichen Rietzschke, einem kleinen Flüsschen, das schon die französischen Truppen während der Völkerschlacht als Deckung genutzt haben, höre ich plötzlich wildes, animalisches, durch Mark und Bein gehendes Geschrei. Mit einer Forke bewaffnet eile ich den Schreien nach und treffe auf eine peinlich berührte junge Frau, die sich für mein Engagement bedankt und mir versichert, ihr gehe es gut, die Schreie seien Teil einer Therapie.

schlag: vom gewitter, und zwar sowol vom niederfallen des blitzes, wie vom krachen des donners. (DWB)

Die Straße von Liebertwolkwitz nach Güldengossa, östlich von Leipzig. Hinter dem Gedenkstein für Prinz Eugen hat jemand Schutt abgeladen. Die Türme des Heizkraftwerks am Cospudener See scheinen vor der herannahenden Schlechtwetterfront in der schwülen Luft zu zittern. Ferner Donner könnte von einem aufziehenden Gewitter oder von Lastwagen auf der A38 herrühren; es klingt wie Geschützlärm.

schlag: hagelschlag, in bergwerken, schlagende wetter, der elektrische schlag (entladung einer elektrischen batterie, besonders wenn sie durch den menschlichen körper geht). das knallen einer büchse beim schieszen. (DWB)
Anschlag: Schussfertige Haltung. Das Gewehr im Anschlag haben. (WDW)

Prinz Eugen zu Württemberg war während der Völkerschlacht Generalleutnant in russischen Diensten. Theodor Apel, Leipziger Lokalhistoriker, schreibt: »In der Schlacht bei Wachau am 16. Oktober 1813, führte Eugen die 3. Colonne, 10 000 Mann stark, bestehend aus dem 2. russischen Corps und der preussischen Brigade Klüx, und nahm nördlich von Güldengossa, Wachau gegenüber, Stellung. Durch ein mörderisches Feuer aus seinen 48 Geschützen eröffnete Eugen gegen 8 Uhr Morgens die Schlacht. Oberst Reibnitz drang hierauf in Wachau ein, vertrieb die Franzosen daraus und besetzte das Dorf. Doch jetzt begannen die auf dem Höhenzuge von Wachau bis Liebertwolkwitz in Schnelligkeit aufgefahrenen Dronot'schen Batterien, über 100 Geschütze, ihr verheerendes Feuer gegen Eugens unerschrockene Truppen. Dieselben mussten Wachau wieder verlassen«, überquerten die A38 unter großen Verlusten, »vertheidigten aber glücklich mit grösster Standhaftigkeit ihre erste Position«.

Anschlag: etwas, das angeschlagen worden ist: ein Anschlag an einer Mauer. (WDW)
Ich stand vor einer Plakatsäule, ich las die Anschläge ein Dutzend mal. (Christa Wolf, *Nachdenken über Christa T.*)

1872, ein Jahr nach der Reichseinheit, publiziert der Gymnasialdirektor Konrad Duden in Leipzig sein erstes orthografisches Wörterbuch. Im Sommer 1901, während in China über ein Friedensabkommen verhandelt wird, bestätigt die II. Orthographische Konferenz in Berlin den *Duden* als Standardwörterbuch der deutschen Rechtschreibung, was er bis 1945 bleibt. Während der Teilung Deutschlands erscheint der Duden parallel in Leipzig und Mannheim. In den Leipziger Duden hält die Sprache des Sozialismus Einzug, dennoch versucht man noch bis Mitte der sechziger Jahre, ein möglichst allgemeingültiges Wörterbuch in der Tradition Konrad Dudens herauszugeben.

Die Begriffe *DDR* und *BRD* werden deswegen noch in der Ausgabe von 1965 ausgespart: Es gibt nur einen Begriff *Deutschland*. Der Mannheimer Duden von 1967 nimmt dagegen die Begriffe *Beatle*, *Bowling*, *campen*, *Cockpit*, *Computer*, *Countdown*, *Eskalation*, *Image* und *Marketing* auf. Die *BRD* wird aufgeführt, die *DDR* dagegen nicht.

Schlägt man im *Großen Wörterbuch der Deutschen Sprache in zehn Bänden* aus der Duden-Reihe (1999) das Lemma »Anschlag« nach, wird als Verwendungsbeispiel ein Satz aus Christa Wolfs Roman *Nachdenken über Christa T.* aufgeführt. Dieser 1968 in der DDR erschienene Roman schaffte es trotz regimekritischer Andeutungen durch die Zensur und wurde in der DDR wie in der Bundesrepublik gleichermaßen populär. Die Romanfigur Christa T. studiert im Leipzig der Nachkriegszeit Germanistik, wendet sich nach kurzer Lehrtätigkeit vom Erwerbsleben ab und beginnt, neben ihren Verpflichtungen als Mutter, skizzenhafte Texte zu schreiben.

Anschlag (meist Pl.): benötigter Raum für einen Buchstaben oder Zwischenraum auf der Schreibmaschine. (WDW)
Bla bla bla. Bla kat. (Anschlag. Plakate zur Mediengeschichte. Leipzig: Deutsches Buch- und Schriftmuseum 2013/2014)

Nachdem ich zwei Jahre lang in Leipzig Deutsch als Fremdsprache unterrichtet habe, entscheide ich mich, als mein Sohn in die Krippe gekommen ist, meine Tätigkeit als Sprachlehrer zu reduzieren und mir mehr Zeit zum Schreiben zu nehmen. Wenn ich meinen Sohn den Erzieherinnen anvertraut habe, rolle ich mit dem Fahrrad bergab am Völkerschlachtdenkmal vorbei, komme durch einen Seiteneingang auf das Gelände der Alten Messe, *sustenire* mich am »Hit-Markt«, *passire* den ehemaligen russischen Pavillon und *retirire* mich in den geisteswissenschaftlichen Lesesaal der Deutschen Nationalbibliothek. Neben mir, in alten Holzregalen mit schweren Glastüren, warten *Duden* und *Deutsches Wörterbuch* darauf, zu Rate gezogen zu werden.

schlag: nicht auf menschen gerichtet. beim fällen von bäumen; ohne den sinn des verletzenden. mittelhochdeutsch oft sprichwörtlich ausdruck einer unnützen handlung: als ich gedenke an manegen wünneclîchen tac, die mir sint enpfallen gar als in daz mer ein slac. (DWB)
Vergleiche neuhochdeutsch: Schlag ins Wasser.

Leipzig-Meusdorf, Monarchenhügel: eine Steinpyramide, von einem gusseisernen Obelisken gekrönt. Hier verweilten Franz I., Alexander und Friedrich-Wilhelm III. am 18. Oktober 1813 und waren Zeugen der außerordentlichen Tapferkeit ihrer Truppen. Auf der Rückseite steht mit Marker geschrieben: *Lina und Clarissa best friends*. Daneben ein Herz. Mit Unterstützung des europäischen Regionalfonds wurde das Abwassersystem von 1998 bis 2000 saniert, erinnert eine andere Tafel.

Fährt man weiter stadteinwärts, sieht man bonbonfarbene Kuben wachsen, die noch für etwa zehn Jahre die Patina des besonderen Eigenheims behalten und spätestens dann Teil einer schrecklich normalen Vorortarchitektur sein dürften. So gelangt man nach Probstheida. *Leben. Lieben. Lachen. Die Bauprofis*, steht auf blauen Plastikplanen. Die Brutalität der entfesselten Vorstadtarchitektur schlägt einem von allen Seiten entgegen.

Die Allgemeine Credit-Anstalt und die Leipziger Immobilien Gesellschaft sammeln hier, ganz nah am heutigen Völkerschlachtdenkmal, im Jahre 1903 alle Findlinge, die sich auf ihrem wertvollen Baugrund befinden, zu einem großen Haufen. Mit Mörtel wird daraus eine Pyramide wie in Meusdorf (nur ohne Obelisk) errichtet und das Ganze ein Eiszeitdenkmal genannt. Es wird dem zukünftigen *Schutze edler Menschen* anvertraut.

in einigen formelhaften verbindungen: schlag auf schlag, auf einen schlag. schlag der glocke. (DWB)

Als das *Recognizirungsgefecht* des 16. Oktober 1813 zu Ende geht, kehrt Napoleon zu seinem provisorischen Lager am Gerichtsweg im Leipziger Osten zurück und lässt die Glocken schlagen, weil er glaubt, die Schlacht gewonnen zu haben. Oder zumindest, weil er glaubt, seinen Truppen so noch einmal Mut machen zu können.

schlag von der regelmäszigen, im takte gehenden bewegung vieler werkzeuge. (DWB)

Die Alte Messe in Leipzig: eine Großbaustelle. Die alten Messegebäude werden über Wochen abgerissen, die Reste des Mauerwerks und der Stahlkonstruktion zerkleinert und weggefahren. Lastwagen ziehen dicke Staubspuren über die Straßen, Staub legt sich über die angrenzenden Grünflächen an der Prager Straße. *Wir machen es machbar*, wirbt ein Unternehmen. Das doppelte M aus DDR-Zeiten, das den Eingang zum Messegelände überspannt, steht wahrscheinlich unter Denkmalschutz und bleibt stehen.

Anstelle der alten Messehallen werden dem Konsum fensterlose Betonkarzer geweiht. *Wenn die Größe entscheidet*: Die mit dem Abbruch betraute Firma verfügt über 18 Sattelzugmaschinen, 16 Vier-Achs-Kipper, 3 Vier-Achs-Dreiseiten-Kipper, 1 Kettenbagger 26 Tonnen, 1 Kettenbagger 3 Tonnen, 1 Werkstattwagen und 3 Busse für das Personal.

schlag: so auch vom takt in der musik, der durch das niederschlagen des taktstockes bezeichnet wird. schlag von gewissen regelmässig wiederkehrenden, rhythmischen bewegungen. schlag der fittige, schlag der wellen, schlag des blutes, der adern, pulsschlag. (DWB)

Ein Stück weiter stadtauswärts schneidet die Straßenbahnlinie 2 (Naunhofer Straße) Fahrbahn und Fahrradweg und biegt in die Grünanlagen, die sich weiter zum Völkerschlachtdenkmal hin erstrecken. Vierspuriger Verkehr rollt über die Prager Straße: morgens stadteinwärts, nachmittags stadtauswärts. Der Taktschlag der Vororte. 1813 wird an dieser Stelle eine Deputation des Leipziger Rates begrüßt, die bei den Verbündeten um Schonung der Stadt bitten soll. Die Monarchen winken ab.

schlag: was durch schlagen entsteht, die durch einen schlag hervorgerufene vertiefung. allgemein nur mundartlich, besonders eindruck von füszen im boden. Hufschlag. (DWB)

Prinz Eugen, aus Wachau vom heftigen Artilleriebeschuss wieder vertrieben, hält die Position, die er am Morgen erst verlassen hat. Theodor Apel: »In dieser Stellung hielten Prinz Eugen und seine Schaaren festen Stand gegen Murat's gewaltigen Angriff mit 8 bis 10 000 Reitern und vereitelten dadurch Napoleons Plan, die Mitte der Verbündeten zu durchbrechen und den Sieg für sich herbeizuführen. Bei einbrechender Nacht lagerten Eugen's Truppen nur noch in der kleinen Zahl von 2000 Mann auf denselben Fluren, welche am Morgen 10 000 Krieger kampfesmuthig betraten.«

Am Abend zuvor hatte der Zar versucht, den Angriff über den Süden zu konzentrieren und seine Truppen so zu schonen. Nun waren es gerade diese, die die größten Verluste erlitten hatten, aber dennoch nicht gewichen waren und so den Sieg herbeigeführt hatten. Eine merkwürdige Vorausschau auf den Zweiten Weltkrieg.

schlag, in schmidten (schmieden) oder hämmern, was im schmiden vor dem ambosz herabfällt, und auf dem amboszstock liegen bleibt, als kupferschlag. (DWB)

Etwas westlich vom Collmberg, nach Liebertwolkwitz hin, produziert seit hundert Jahren eine Maschinenfabrik. Die zunächst unter dem Namen »Zahnräderfabrik Köllmann GmbH« gegründete Firma produzierte als erste in Deutschland Wechselgetriebe für die Automobilindustrie. Später lieferte sie während beider Weltkriege wichtige Bauteile für die Rüstungsindustrie. Nach 1945 wurde das Werk Teil des Kombinats Nutzfahrzeuge Ludwigsfelde. Nach der Privatisierung 1990 folgte bald die Insolvenz der neugegründeten Zahnradwerke, dann die Neugründung als Neue Zahnradwerk GmbH. Heute ist das Werk Zulieferer der Automobilindustrie.

Der österreichische General Graf Johann von Klenau hatte am 16. Oktober 1813 von hier aus vergeblich versucht, den Collmberg zu gewinnen, auf dem sich sein Widersacher, der französische Marschall MacDonald, eingerichtet hatte. Klenau unterließ es aus unerfindlichen Gründen, die Mülldeponie Liebertwolkwitz zu besetzen, die mittlerweile über den Collmberg hinausgewachsen ist, und sein 4. Kavalleriecorps wird ins Niederholz gedrängt, wo er sich den ganzen Tag lang MacDonalds erwehren muss, der über Fuchshain seine Flanke zu nehmen versucht.

Zum Vorteil der Franzosen gibt es mit dem McDonald's Restaurant im nahegelegenen Gewerbegebiet Großpösna eine geeignete *Sustentation*, wohin sich die erschöpften Truppen *retiriren* können. Auf eine neugebaute Betonbrücke über den Pösgraben westlich des Collmbergs hat jemand »Popstar« gesprüht. Die Schrift leuchtet auf dem noch wenig verwitterten Beton.

schlag … in bergwerksausdrücken. (DWB)

Schäferei Auenhain, ein Gedenkstein für Graf Weißenwolff, Grenadier-Division, in einer Ferienanlage zwischen *Haus Krallenmöwe* und *Haus Seeschwalbe.* Wendet man den Blick nach links, sieht man den Markkleeberger See, wo einst der Tagebau Löcher in die Weiden gefressen hat. Bei Crostewitz und

Gröbern haben sich Preußen und Österreicher auf dem Grund des Markkleeberger Sees formiert, bereit auf Leipzig zu ziehen. Auf der neuasphaltierten Promenade zischen Inlineskater vorbei. *Globus: Hier ist die Welt noch in Ordnung* verspricht ein Plakat auf einem unbebauten Grundstück mit Seeblick.

anschlag heißt sowol der angelegte theil des gewehrs selbst, als vorzüglich das zielen … aus diesem zielen flieszt einfach und ungezwungen die bedeutung von plan, absicht, vorhaben, vorschlag in gutem oder bösem sinn. er macht zu nicht die anschlege der listigen. Hiob 5,12. (DWB)
Anschlag: Mauervorsprung. (WDW)

Im Herbst 1989, vor bald fünfundzwanzig Jahren, entwickelt sich in Leipzig der Montagnachmittag, nach dem Ende der Friedensgebete in der Nikolaikirche, zu einem regelmäßigen Treffpunkt für Regimekritiker. Jede Woche kommen mehr Bürger, demonstrieren, tragen Transparente, auf denen sie (Reise)Freiheit und eine Entmachtung der Staatssicherheit fordern. Die Führung reagiert am 11. September 1989 (genau zwölf Jahre vor dem Anschlag auf das World Trade Center) zunächst mit brutalen Polizeieinsätzen und Verhaftungen. Der 40. Jahrestag der DDR am 7. Oktober wird gefeiert, als sei die Welt des Sozialismus in Ordnung. Die Zahl der Demonstranten steigt weiter: Tausende, bald Zehntausende, schließlich Hunderttausende Menschen finden sich zu friedlichen Protesten ein. Im zurückliegenden Sommer war noch das chinesische Regime mit Panzern gegen Studentenproteste auf dem Platz des Himmlischen Friedens vorgegangen. Niemand weiß, wie die Führung der DDR auf die Massenproteste reagieren wird. Die Menschen demonstrieren weiter, es werden wöchentlich mehr. Die Menschenmassen wälzen sich montagnachmittags auf dem Ring um die Innenstadt. Die Ringstraße war im 18. Jahrhundert durch den Rückbau der mittelalterlichen Befestigungsanlagen entstanden. Gut 175 Jahre vor den Montagsdemonstrationen hatten die Verbündeten sie unter unvorstellbaren Verlusten überwunden, um die Stadtmauer zu erreichen und Napoleon endgültig zu schlagen. In der herbstlichen Dämmerung des Jahres 1989 entzünden die Demonstranten Lichter als Zeichen der Hoffnung und des Friedens. Die Zahl der Demonstranten entspricht in etwa der Zahl der beteiligten Soldaten bei der Völkerschlacht. Die Führungsriege der DDR entscheidet sich unter noch immer nicht restlos geklärten Umständen gegen ein gewaltsames Vorgehen.

anschlag: in einzelnen fällen darf anschlag vielleicht auf die gezeigte bedeutung des sich vertragens und paciscierens zurückgehn. (DWB)

Worte helfen: Sie schaffen Ordnung in einer unordentlichen Welt. Sie helfen uns, Dinge, Personen, Ereignisse um uns herum zu benennen und zu unterscheiden. Aber jede Ordnung hat ein geheimes Eigenleben.

Steven Weinberg

Was wir wissen – und was nicht

In den vergangenen fünfzig Jahren haben zwei große Zweige der Physik jeder für sich eine historische Veränderung erlebt. Ich kann mich gut an den Stand der Kosmologie und der Teilchenphysik in den frühen sechziger Jahren erinnern: eine Kakofonie konkurrierender Konjekturen. In beiden Fällen haben wir heute dagegen eine weithin akzeptierte Theorie, bekannt als »Standardmodell«.

Kosmologie und Teilchenphysik spannen die Brücke von den größten zu den kleinsten Distanzen, über die wir verlässliches Wissen besitzen. Der Kosmologe blickt auf einen kosmischen Horizont, die größte Entfernung, die das Licht zurückgelegt haben kann, seit das Universum vor mehr als zehn Milliarden Jahren transparent wurde; der Teilchenphysiker erforscht Distanzen, die viel kleiner sind als ein Atomkern. Unsere Standardmodelle aber funktionieren tatsächlich – sie erlauben uns Voraussagen von hoher Präzision, die wiederum mit unseren Beobachtungen übereinstimmen.

Bis zu einem bestimmten Punkt lassen sich die Geschichten der Kosmologie und der Teilchenphysik getrennt voneinander erzählen. Am Ende jedoch werden sie zusammenkommen müssen.

Kosmologie als Wissenschaft hatte ihren Anfang in den 1920ern. Man entdeckte damals, dass kleine Wolken, die man stets in festen Positionen zwischen den Sternen wahrnehmen konnte, in Wahrheit ferne Galaxien sind, die der Milchstraße ähneln, in der wir uns befinden – und dass also jede von ihnen viele Milliarden Sterne enthält. Dann fand man heraus, dass diese Galaxien sich immer weiter von uns und voneinander entfernen. Jahrzehntelang bestand die kosmologische Forschung fast vollständig aus dem Versuch, die Expansionsrate des Universums zu bestimmen und herauszufinden, ob und wie sie sich vielleicht ändert.

Merkwürdigerweise hat man sich mit einer offenkundigen Folgerung lange wenig beschäftigt: Wenn sich die Galaxien voneinander entfernen, dann müsste es eine Zeit gegeben haben, in der sie alle ineinander verknäult waren. Aus der berechneten Expansionsrate konnte man schließen, dass dieser Zeitpunkt einige Milliarden Jahre zurückliegt. Berechnungen in den vierziger Jahren zeigten, dass das frühe Universum sehr heiß gewesen sein muss, sonst hätte sich der ganze Wasserstoff im Universum (heute das bei weitem häufigste Element) zu schwereren Elementen verbunden. Die heiße Materie müsste dann Licht ausgestrahlt haben, Licht, das als schwache Mikrowellenstrahlung bis in die Gegenwart überlebt haben und aufgrund der Expansion des Universums bei einer aktuellen

Temperatur von ein paar Grad über dem absoluten Nullpunkt liegen müsste.[1]

Es gab dann aber keine Suche nach diesen Resten der kosmischen Mikrowellenhintergrundstrahlung – und die Voraussage wurde weithin vergessen. Eine Zeitlang spekulierten einige Theoretiker sogar, das Universum befinde sich in einem stabilen Zustand, sehe immer ziemlich gleich aus, weil ständig neue Materie geschaffen werde, die die Lücken zwischen den sich entfernenden Galaxien füllt.

Die moderne Ära der wissenschaftlichen Kosmologie begann vor 49 Jahren, mit der zufälligen Entdeckung der kosmischen Mikrowellenhintergrundstrahlung. Das war es dann mit der Steady-State-Kosmologie – es gab *eben doch* ein frühes Universum. Diese Hintergrundstrahlung wird seit Mitte der Sechziger intensiv untersucht, sowohl von unbemannten Satelliten im Orbit als auch von großen erdbasierten Radioteleskopen. Heute kennen wir ihre aktuelle Temperatur, sie liegt bei 2,725 Grad über dem absoluten Nullpunkt. Setzt man diese Zahl in Berechnungen der Entstehung von Atomkernen in den ersten drei Minuten nach dem Beginn des Big Bang ein, entspricht die Voraussage einer großen Menge an Leichtelementen (Isotopen von Wasserstoff, Helium und Lithium) ziemlich genau den realen Beobachtungen. (Man weiß, dass schwerere Elemente in Sternen entstehen.)

Wichtiger als die Messung der genauen Temperatur ist die Beobachtung aus dem Jahr 1977, dass die Temperatur der Mikrowellenstrahlung nicht überall gleich ist. Es gibt kleine Kräuselungen der Temperatur, Fluktuationen in einem Teil von hunderttausend. Vollkommen überraschend war das aber nicht. Es musste ein paar solcher Kräuselungen gegeben haben, verursacht von kleinen Klumpen in der Materie des frühen Universums, die als Samen die spätere Schwerkraftkondensation der Materie in Galaxien verursachten.

Die Klumpen und Kräuselungen verdanken sich chaotischen Klangwellen in der Materie des frühen Universums. Solange die Temperatur über etwa 3000 Grad lag, blieben die Elektronen in dieser heißen Materie frei und verstreuten ständig Strahlung, sodass die Kompression und Verdünnung in den Klangwellen eine entsprechende Variation in der Strahlungsintensität erzeugten. Wir haben keinen direkten Blick auf diese Ära, weil die Interaktion von Strahlung und freien Elektronen das Universum opak machten; als das Universum sich aber auf 3000 Grad abkühlte, wurden die freien Elektronen in Wasserstoffatomen gebunden, und das Universum wurde transparent. Die Strahlung aus dieser Zeit hat überlebt, heruntergekühlt durch die folgende

[1] Man spricht von der Temperatur einer Strahlung, wenn ihre Energie pro Volumen auf jeder Wellenlänge dieselbe ist wie für die Strahlung in einer Höhle, deren Wände auf dieser Temperatur gehalten werden. Diese Strahlung besteht im Wesentlichen aus sichtbarem Licht, wenn diese Temperatur bei ein paar tausend Grad liegt. Es handelt sich um Infrarotstrahlung, wenn die Temperatur bei der im Alltag gewohnten liegt; und es handelt sich um Mikrowellenstrahlung, wenn die Temperatur ein paar Grad über dem absoluten Nullpunkt liegt.

Ausdehnung des Universums – sie trägt jedoch noch den Abdruck der Klangwellen, die das Universum füllten, bevor es transparent wurde.

Es konnte nicht ausbleiben, dass diese physikalischen Prozesse dann intensiv beobachtet und theoretisch analysiert wurden. Es kam dabei heraus, dass das Universum plötzlich transparent wurde, und zwar etwa 380 000 Jahre nach der Entstehung der Atomkerne. Aus beobachteten Details der Kräuselungen im kosmischen Mikrowellenhintergrund lassen sich die Mengen der unterschiedlichen Typen von Elementarteilchen errechnen, die in den Jahren vor der Transparenz vorhanden gewesen sein müssen.

Die Ergebnisse führen zu einem Rätsel. Es zeigt sich nämlich, dass die uns bislang bekannten Partikel nicht hinreichen, um die Masse heißer Materie zu erklären, in der die Klangwellen sich ausbreiteten. Nicht weniger als fünf Sechstel der Materie des Universums müssten eine Art »dunkler Materie« sein, die Licht weder abgibt noch absorbiert. Man hatte auf die Existenz einer solchen Menge dunkler Materie schon vorher geschlossen, und zwar deshalb, weil Galaxienhaufen trotz hoher Zufallsgeschwindigkeiten in Clustern als Gravitationsfelder zusammenhalten. Es bleibt aber das große Rätsel: Was ist die dunkle Materie? An Theorien fehlt es nicht, und man versucht in Experimenten, entweder uns umgebende Partikel dunkler Materie oder Überreste ihrer Vernichtung in Detektoren auf der Erde einzufangen oder dunkle Materie in Beschleunigern zu erzeugen. Bis heute hat man aber keine dunkle Materie gefunden, und keiner weiß, was sie eigentlich ist.

Astronomen haben das alte Programm der Vermessung der Geschwindigkeit, mit der sich Galaxien von uns und voneinander entfernen, fortgesetzt. Ihre Arbeit hat zu einer großen Entdeckung geführt. Man war wie selbstverständlich davon ausgegangen, dass die Expansion des Universums sich verlangsamt, und zwar aufgrund der zwischen den Galaxien wirkenden Anziehungskraft, so wie ein Stein, den man in die Höhe wirft, aufgrund der Schwerkraft der Erde immer langsamer wird. Es war immer die große Frage gewesen, ob die Expansion des Universums eines Tages aufhören und die Richtung ändern würde, so wie ein Stein zurück auf die Erde fällt, oder ob die Ausbreitung immer weitergehen würde, wenngleich langsamer, wie ein Stein, der mit einer Geschwindigkeit in die Höhe geschleudert wird, die ausreicht, um der Schwerkraft der Erde zu entkommen.

Indem sie anhand der scheinbaren Helligkeit explodierender Sterne die Distanz ferner Galaxien errechneten, fanden im Jahr 1998 zwei Gruppen von Astronomen heraus, dass sich die Expansion des Universums keineswegs verlangsamt, sondern sogar beschleunigt. Mit den Gesetzen der allgemeinen Relativitätstheorie lässt sich das nur durch eine Energie erklären, die nicht in der Masse irgendeiner Sorte von Partikeln, dunklen oder anderen, enthalten ist, sondern die als »dunkle Energie« im Raum selbst steckt und dort eine Art Antischwerkraft erzeugt, die die Galaxien auseinandertreibt.

Aus diesen Messungen, und auch aus Untersuchungen zum Effekt der Ausdehnung des Universums auf die kosmische Hintergrundstrahlung, ergab sich, dass die dunkle Energie derzeit etwa drei Viertel der Gesamtenergie des Universums ausmacht. Außerdem wissen wir jetzt, dass sich das Universum während der gesamten 13,8 Milliarden Jahre seit der Zeit, in der es transparent wurde, ausdehnt. Wir haben nun also ein kosmologisches Standardmodell: Unser expandierendes Universum besteht in erster Linie aus dunkler Energie und dunkler Materie. In dieser Dunkelheit gibt es eine kleine Beigabe, ein paar Prozent des Ganzen, die aus der gewöhnlichen Materie besteht, die die Sterne, die Planeten und uns hervorgebracht hat.

Die Geschichte der Teilchenphysik folgt einem ganz anderen Kurs als die der Kosmologie. Vor fünfzig Jahren gab es hier alles andere als einen Mangel an Daten, nur ertranken wir in Daten, die wir nicht verstanden. Fortschritt, wenn es ihn gab, verdankte sich im Allgemeinen Entwicklungen in der Theorie, während Experimente vor allem als Schiedsrichter zwischen konkurrierenden Theorien fungierten und den Forschern gelegentlich gesunde Überraschungen bereiteten.

In den späten vierziger Jahren hatten wir eine gute Theorie für eine Sorte Kraft, die auf Elementarteilchen, wie etwa Elektronen, einwirkt: die elektromagnetische Kraft. Diese Theorie, die Quantenelektrodynamik, ist ein spezieller Fall einer allgemeinen Klasse namens Quantenfeldtheorie. Diese besagt, dass es sich bei den Quantitäten, die in fundamentalen Gleichungen auftauchen, um Felder handelt, die den Raum füllen wie Wasser die Wanne. Elementarteilchen sind sekundär; sie sind Feld-»Quanten«, in denen sich Energie und Impuls des Feldes bündeln wie Strudel im Wasser. Photonen, die masselosen Lichtpartikel, sind die Quanten des elektromagnetischen Felds, und Elektronen sind die Quanten eines Elektronenfelds.

Die Quantenelektrodynamik lässt sich mit großer Genauigkeit berechnen, weil die Kräfte recht schwach sind. Die Häufigkeit jedes beliebigen Prozesses in einer Quantenfeldtheorie wird mit einer Summe angegeben, wobei jeder Term in der Summe einer möglichen Sequenz von Zwischenschritten korrespondiert, über die der Prozess ablaufen kann. Wenn zum Beispiel zwei Elektronen kollidieren, kann ein Elektron ein Photon aussenden, das von einem anderen Elektron absorbiert wird, oder ein Elektron kann zwei Photonen aussenden, die von dem anderen Elektron in derselben oder in der umgekehrten Reihenfolge, in der sie emittiert wurden, absorbiert werden, oder ein Elektron kann zwei Photonen aussenden, wobei ein Photon von dem Elektron, das es ausgesendet hat, und das andere von dem anderen Elektron absorbiert wird, und so weiter.

Es gibt immer eine unendliche Zahl solcher Szenarien, was genaue Berechnungen im Prinzip unmöglich macht, aber wenn die Kräfte schwach sind, verdanken sich die wichtigsten Beiträge zur Errechnung der Raten des Prozesses den einfachsten Szenarien. Indem man alle bis auf ein paar der größten Beiträge der Quantenelektrodynamik ignorierte, kam man zu Ergebnissen, die verblüffend mit den Resultaten von Experimenten übereinstimmten. Einige von uns träumten vor fünfzig Jahren davon, eine umfassendere Quantenfeldtheorie zu finden, die alle Partikel und Naturkräfte so wunderbar beschreiben kann wie die bereits beschriebenen Photonen und Elektronen. Und so ist es (mehr oder weniger) geschehen.

Es dauerte eine Weile. Es gibt eine andere Kraft, schwächer noch als die elektromagnetische, nämlich die sogenannte schwache Kernkraft, die ein Neutron in einem Atomkern gelegentlich in ein Proton verwandelt, oder umgekehrt. In den 1950ern hatten Untersuchungen zur Radioaktivität zu einer Quantenfeldtheorie der schwachen Kernkraft geführt, die bei der Erklärung der vorhandenen Daten gut funktionierte. Problematisch wurde es, wenn man versuchte, die Theorie über die Grenzen des vertrauten Bereichs der Radioaktivität hinaus zu treiben. Wenn man dann nämlich die Raten exotischer Prozesse zu berechnen versucht, die aus praktischen Gründen nicht experimentell untersucht werden konnten, kam man auf unendliche Resultate, offenkundigen Unsinn. Auf ähnliche Unendlichkeiten war man in den frühen Tagen der Quantenelektrodynamik gestoßen, aber dann waren die Theoretiker darauf gekommen, dass die Unendlichkeiten sich gegenseitig aufheben,[2] wenn man bei der Definition der Masse und Ladung des Elektrons Vorsicht walten ließ (eine Prozedur namens »Renormierung«). Im Fall der schwachen Kernkraft schien ein solches gegenseitiges Ausstreichen aber nicht möglich.

Die Lösung, die sich in den späten sechziger Jahren fand, war eine neue Quantenfeldtheorie der schwachen Kernkraft. Diese Theorie war nicht nur nach dem Vorbild der Quantenelektrodynamik modelliert, sondern umfasste die Quantenelektrodynamik als besonderen Fall. Genau so wie elektromagnetische Kräfte durch den Austausch von Photonen übertragen werden, wird die schwache Kernkraft in dieser »elektroschwachen« Theorie durch den Austausch aufeinander bezogener Partikel namens W+, W- und Z0 übertragen.

Bei diesen Spekulationen gab es einen offensichtlichen kritischen Punkt: Photonen haben keine Masse, wohingegen die postulierten neuen Teilchen wie W+, W- und Z0 sehr schwer sein mussten, sonst hätte man sie Jahrzehnte früher entdeckt – je schwerer das Teilchen, desto größer die Energie, die man benötigt, um es in einem Teilchenbeschleuniger zu erschaffen, und desto teurer der Beschleuniger.

Da war auch noch das störrische Problem der Unendlichkeiten. Die Lösung lag in einer Idee namens »gebrochene Symmetrie«, die seit den sechziger Jahren in anderen Gebieten der Teilchenphysik entwickelt und erfolgreich angewandt worden war. Die Gleichungen einer Theorie können bestimmte Größen enthalten, wie etwa die Beziehungen zwischen dem Photon, W+, W- und Z0, die in den Lösungen der Gleichungen, die beschreiben, was wir tatsächlich beobachten, nicht vorhanden sind. In der elektroschwachen Theorie gibt es eine genaue Symmetrie zwischen schwachen und elektromagnetischen Kräften, die W+, W- und Z0 masselos machte, würde die Symmetrie nicht durch vier postulierte »Skalarfelder« gebrochen,[3] die das Universum durchdringen, von denen W+, W- und Z0

---

[2] Das heißt, dass einige Beiträge zu einer Rate oder Energie positiv und unendlich sind, andere negativ und unendlich, dass aber die Summe endlich ist.

[3] Ein Skalarfeld ist ein Feld, das nicht in irgendeine Richtung im Raum zeigt, anders als magnetische und elektrische Felder, die einen eindeutigen Richtungssinn haben.

ebenso wie das Elektron ihre Masse erhalten. Ein neues Teilchen, das 2012 entdeckt wurde, scheint das vorhergesagte Quantum eines dieser Skalarfelder zu sein.

Weil die Gleichungen der elektroschwachen Theorie denen der Quantenelektrodynamik ähneln, schien es wahrscheinlich, dass sich alle Unendlichkeiten in der Theorie gegenseitig ausstreichen würden. Das wurde dann auch 1971 bewiesen. Effekte des Austauschs von Z0-Partikeln wurden im Jahr 1973 entdeckt, und es stellte sich heraus, dass sie mit den Vorhersagen der elektroschwachen Theorie übereinstimmten. Die W+, W- und Z0-Partikel wurden ein Jahrzehnt später gefunden, alle mit den erwarteten Eigenschaften.

Es hat etwas länger gedauert, bis man eine weitere Kraft verstand, die »starke Kraft«, die Protonen und Neutronen in Atomkernen zusammenhält. Vor fünfzig Jahren besaßen wir Berge von Daten über diese Kraft, und wir konnten uns eine beliebige Zahl von Quantenfeldtheorien vorstellen, die sie potentiell beschrieben, aber wir hatten keine Möglichkeit, mit Hilfe der Daten die richtige Theorie zu bestimmen. Weil diese Kraft stark ist, trägt jede mögliche Sequenz von Zwischenschritten signifikant bei zu allem, was wir berechnen. Es war aussichtslos, diese Beiträge auch nur annäherungsweise zusammenzuaddieren, so wie es in der elektroschwachen Theorie funktioniert.

Schlimmer noch: Im Lauf der Zeit wurden immer weitere Teilchentypen entdeckt, die von der starken Kraft affiziert werden. Es schien unwahrscheinlich, dass all diese Hunderte von Teilchentypen die Quanten unterschiedlicher Felder darstellen sollten, das heißt Bündel der Energie des Feldes, je eines für jedes Teilchen. Ein wenig sinnvoller wurde die Sache, wenn man annahm, dass diese Teilchen Zusammensetzungen einiger weniger wirklich elementarer Teilchen darstellten, der sogenannten Quarks. Drei Quarks, so die Annahme, verbinden sich, um Proton und Neutron im Atomkern zu bilden. Wenn das aber so war: Warum war es im Experiment nicht gelungen, diese Quarks zu finden? Ich erinnere mich an weitverbreitete Zweifel, ob die starken Kräfte überhaupt durch eine Quantenfeldtheorie beschreibbar sein könnten.

Dann wurde in den frühen Siebzigern die richtige Theorie formuliert. Sie ähnelt, wie die erfolgreiche elektroschwache Theorie, der Quantenelektrodynamik, nur dass an die Stelle der elektrischen Ladung eine Quantität namens »Farbe« tritt. In dieser Theorie, die als Quantenchromodynamik bekannt ist, werden die starken Kräfte zwischen den Quarks durch den Austausch von acht Typen von photonenartigen Elementarteilchen, den Gluonen, hergestellt. Die Quantenchromodynamik erklärte ein Ergebnis aus der Experimentalphysik: Die starken Wechselwirkungen zwischen den Quarks scheinen schwächer zu sein, wenn man die Quarks mit kleinen Abstandsskalen untersucht, als wenn sie von hochenergetischen Elektronen getroffen werden. Diese Schwächung der Kraft machte verschiedene annähernde Berechnungen wie die in der elektroschwachen Theorie möglich, und die Ergebnisse stimmten mit den Experimenten überein, was die Theorie bestätigte.

In Experimenten hat man niemals Gluonen gefunden. Zunächst nahm man an, das liege daran, dass die Massen dieser Teilchen zu groß sind, um diese in den vorhandenen Beschleunigern hervorzubringen. Gluonen konnten große Massen auf dieselbe Weise durch einen Symmetriezusammenbruch erhalten wie die Teilchen W+, W- und Z0 in der elektroschwachen Theorie. Aber selbst wenn das so wäre, bliebe es ein Rätsel, warum man niemals Quarks gefunden hatte. Es war schwer zu glauben, dass Quarks sehr schwer sein sollten; sie konnten kaum sehr viel schwerer sein als Teilchen wie die Protonen und Neutronen, die sie enthalten.

Mit dem Hinweis darauf, dass die starken Kräfte in der Quantenchromodynamik schwach werden, wenn man sie aus geringem Abstand untersucht, schlugen einige Theoretiker vor, dass sie vielleicht mit großen Abständen sehr stark werden, sodass es niemals gelingen kann, Elementarteilchen wie Quarks und Gluonen auseinanderzuziehen. Bislang hat keiner mathematisch bewiesen, dass das stimmt, aber die meisten Physiker halten das für die Lösung – und es gibt darum wohl keine Aussicht, jemals isolierte Quarks oder Gluonen zu finden.

Es gibt nun also ein Standardmodell der Elementarteilchen. Seine Bestandteile sind Quantenfelder und die verschiedenen Elementarteilchen, die die Quanten dieser Felder sind: die Photonen, die Teilchen W+, W- und Z0, acht Gluonen, sechs Typen von Quarks, die Elektronen und zwei Typen ähnlicher Teilchen sowie drei Arten von fast masselosen Teilchen namens Neutrinos. Die Gleichungen dieser Theorie sind nicht beliebig; sie sind vielmehr durch mehrere Symmetrieprinzipien und die Bedingung der Aufhebung der Unendlichkeiten bestimmt.

Trotzdem ist das Standardmodell offensichtlich nicht die endgültige Theorie. Seine Gleichungen enthalten eine ganze Reihe von Zahlen, wie etwa die Masse der Quarks, die sich aus Experimenten ergeben, ohne dass wir wüssten, warum sie so sind, wie sie sind. Wäre das Standardmodell vollständig, müssten Neutrinos masselos sein, während in Wahrheit ihre Massen nur sehr klein sind, weniger als ein Millionstel der Masse eines Elektrons. Außerdem enthält das Standardmodell nicht die am längsten bekannte und vertrauteste Kraft: die Schwerkraft. Normalerweise beschreiben wir die Gravitation mit Hilfe einer Feldtheorie, der allgemeinen Relativitätstheorie, aber das ist keine Quantenfeldtheorie, in der sich die Unendlichkeiten aufheben, wie sie es im Standardmodell tun.

Seit den achtziger Jahren ist ein gewaltiger Aufwand in die Entwicklung einer mathematisch hoch raffinierten Quantentheorie geflossen, deren Basiseinheiten nicht Teilchen oder Felder, sondern winzige Fäden (Strings) sind, deren unterschiedliche Schwingungsmodi wir als die unterschiedlichen Arten von Elementarteilchen beobachten. Einer dieser Modi entspricht dem Graviton, dem Quantum des Schwerkraftfelds. Die String-Theorie würde, wenn sie denn stimmt, die Feldtheorien wie das Standardmodell oder die allgemeine Relativitätstheorie nicht ungültig machen; sie würden nur zu »effektiven Feldtheorien« herabgestuft – Annäherungen, die in den Bereichen der Distanz und Energie gelten, die wir bislang erforschen konnten.

Die String-Theorie ist attraktiv, weil sie die Schwerkraft mitumfasst, weil sie keine Unendlichkeiten enthält; ihre Struktur ist sehr stark von den Bedingungen mathematischer Konsistenz vorgegeben, sodass es offenbar nur eine einzige String-Theorie gibt. Obwohl wir die genauen der String-Theorie zugrunde liegenden Gleichungen noch nicht kennen, gibt es leider guten Grund zu der Annahme, dass sie – wie immer sie aussehen – eine riesige Zahl von Lösungen haben. Ich war immer ein Fan der String-Theorie, aber es ist enttäuschend, dass bislang niemand eine Lösung gefunden hat, die der von uns beobachteten Welt entspricht.

Die Probleme der Elementarteilchenphysik und der Kosmologie haben sich immer stärker vereint. Es gibt ein klassisches Problem der Kosmologie: Warum ist das Universum so gleichförmig? In den 13,8 Milliarden Jahren, seit das Universum transparent wurde, gab es gar nicht die Zeit, in der irgendein physikalischer Einfluss die Teile des Universums, die wir in entgegengesetzten Richtungen sehen, hätte verbinden und jene Homogenität der Dichte und Temperatur, die wir beobachten, hätte hervorbringen können. In den frühen neunziger Jahren fand man heraus, dass mehreren Quantenfeldtheorien zufolge vor der Entstehung der Atomkerne eine frühere Periode der »Inflation« existiert haben muss, in der sich das Universum exponentiell ausgedehnt hat. Hoch gleichförmige Regionen, die während der Inflation noch winzig waren, dehnten sich so weit aus, dass sie größer wurden als das gegenwärtig beobachtete Universum, und sie blieben dabei annähernd gleichförmig. Das ist äußerst spekulativ, aber es gibt eine eindrucksvolle Bestätigung: Berechnungen zeigen, dass Quantenfluktuationen während der Inflation ein paar hunderttausend Jahre später genau die Sorte chaotischer Klangwellen auslösen würden, deren Abdruck wir heute in der kosmischen Hintergrundstrahlung sehen.

Inflation ist naturgemäß chaotisch. Im sich ausdehnenden Universum bilden sich Blasen, jede von ihnen entwickelt sich zu einem Big oder Small Bang, vielleicht jede mit unterschiedlichen Werten für das, was wir normalerweise Naturkonstanten nennen. Die Bewohner (falls sie existieren) jeder einzelnen Blase können andere Blasen nicht beobachten, sodass ihnen ihre Blase als das ganze Universum erscheint. Das ganze Aggregat all dieser Universen bezeichnen wir heute als das »Multiversum«.

Diese Blasen realisieren möglicherweise sämtliche unterschiedlichen Lösungen der Gleichungen der String-Theorie. Wenn das stimmt, hoffen wir vergeblich darauf, eine rationale Erklärung für die genauen Werte der Quarkmassen und andere Konstanten des Standardmodells zu finden, das wir in unserem Big Bang beobachten – denn diese Werte wären ein Zufall des speziellen Teils des Multiversums, in dem wir leben. Wir müssten uns mit einer kruden anthropischen Erklärung einiger Aspekte des Universums, das wir sehen, begnügen: Jedwede Wesen wie wir, die in der Lage sind, das Universum zu studieren, müssen in einem Teil des Universums sein, in dem die Naturkonstanten die Evolution von Leben und Intelligenz erlauben. Der Mensch ist vielleicht wirklich das Maß aller Dinge, wenngleich nicht ganz im von Protagoras intendierten Sinn.

Bislang scheint diese anthropische Spekulation die einzige Erklärung für den beobachteten Wert der dunklen Energie zu bieten. Im Standardmodell und allen anderen bekannten Quantenfeldtheorien ist die dunkle Energie einfach eine Naturkonstante. Sie könnte irgendeinen Wert haben. Wüssten wir es nicht besser, könnten wir erwarten, dass die Dichte der dunklen Energie den für die Elementarteilchenphysik typischen Energiedichten ähnelt, wie etwa der Energiedichte in einem Atomkern. Dann aber hätte sich das Universum so schnell ausgedehnt, dass keine Galaxien oder Sterne oder Planeten hätten geformt werden können. Für die Entstehung von Leben durfte die dunkle Energie nicht viel größer sein als der Wert, den wir messen, und es gibt keinen Grund dafür, dass sie kleiner wäre.

Solche kruden anthropischen Erklärungen waren eigentlich nicht das, worauf wir in der Physik gehofft haben, aber vielleicht müssen wir uns mit ihnen zufriedengeben. Die Physik ist in ihrer Geschichte nicht nur dadurch vorangekommen, dass sie präzise Erklärungen für Naturphänomene gefunden hat, sondern auch dadurch, dass sie entdeckte, welche Arten von Dingen genau erklärt werden können. Und das könnten weniger sein, als wir dachten.

Aus dem Englischen von Ekkehard Knörer

Heinrich Bosse

Brot- und Schulwissenschaften

Auch die geistige Arbeit ist inzwischen der Arbeitsteilung unterworfen. In Laboren, Sekretariaten, Arbeits- und Besprechungszimmern kommunizieren wir mit und durch Maschinen, die Abläufe antizipieren und speichern können, weil sie so programmiert sind. Die Speicher- und Kommunikationsmaschinen haben Wissen zur Produktivkraft gemacht. Seit Jean-François Lyotard in seinem Bericht für den Universitätsrat von Quebec (1979) unsere Wissensgesellschaft nicht mehr von der Unterscheidung wahr / falsch, sondern durch die Leitdifferenz effizient / ineffizient regiert sah, stellt sich verschärft die Frage nach der Ausbildung. Was bedeutet es, unter den jetzigen Bedingungen in den Austausch des Wissens einzutreten?

Diese Frage berührt kommunikative Fertigkeiten wie das Sprechen, Lesen und Schreiben, die letzten Endes den mündigen Bürger formen sollen, sodass er fähig wird, zu urteilen, sich auszudrücken und zuzuhören. Solche Fertigkeiten sind ein Wissen-im-Tun, freilich ein besonderes. Wenn man den Gegenstand des Wissens *(knowing that)* unterscheiden will von der Fertigkeit, mit ihm umzugehen *(knowing how)*, so stößt man beim sprachlichen Handeln an die Grenzen dieser Unterscheidung, auf die Paradoxie nämlich, dass man Sprechen, Lesen, Schreiben nur beobachten kann, indem man spricht, liest, schreibt. Um dies besondere Wissen, das ich kommunikatives Wissen nennen möchte, soll es im Folgenden gehen.

Was heißt »Geodäsie«?

Im englischsprachigen Master-Studiengang »Geodesy and Geoinformation Science« der Technischen Universität Berlin führen Sprachfehler zu Abzügen bei den Prüfungsnoten. Zur Begründung sagte Bernd Stary, der Koordinator dieses internationalen Studiengangs: »Im Studium geht es schließlich nicht nur um das Ansammeln von Wissen, man muss es auch kommunizieren können.« Diese Wahrheit ist trivial. Anstatt sie wegen ihrer Trivialität zu vergessen, möchte ich sie kurz befragen. Schon die Bezeichnung des Studiengangs kann oder muss ins Deutsche (Geodäsie und Geoinformation) übersetzt und dann im Deutschen paraphrasiert oder dahingehend erklärt werden, dass computergestützte Verfahren und die Satellitentechnologie das frühere Vermessungswesen zu einem wichtigen Wirtschaftsgut gemacht haben. Indem ich einen Begriff kommentiere, den ich zuvor gebraucht habe, versuche ich nicht nur einen Sachverhalt zu klären, sondern befinde mich schon in der Kommunikation über Kommunikation. Sprechend gleiten wir zwangsläufig, ohne Medienwechsel, von der Kommunikation in die Metakommunikation. Das unterscheidet die Wortsprache von den anderen hervorragenden Medien, sicheres und unsicheres Wissen mitzuteilen, nämlich den Zahlen und den Bildern.

Und dann: Wem soll man sein Wissen kommunizieren können? Den Kollegen, den Auftraggebern, interessierten Laien? Die Adressaten reden immer mit, wenn sie einem das Wissen abfragen, Fachleute anders als Neugierige. Und wieder anders als diejenigen, die auf das Wissen, das sie nicht haben, angewiesen sind, alle »Auftraggeber«, als da sind Patienten, Klienten, Kunden, Schüler und so fort. Die drei Gruppen entsprechen annähernd den Redezielen, wie sie die antike Rhetorik vorsah. Nach Cicero will einer, der das Wort ergreift, entweder lehren und beweisen oder aber unterhalten oder aber (zum Handeln) bewegen.

Schließlich: Wie lernt man es, sein Wissen zu kommunizieren? Offensichtlich, indem man eine weitere Sprache lernt, bei dem Studiengang Geoinformatik also das Englische. Vokabeln und Grammatik allein vermitteln allerdings nur ein Not- oder Fach-Englisch. Um Englisch sprechen zu lernen, muss man eben mit Englischsprechenden sprechen: Kommunikatives Wissen entsteht aus dem Gespräch. Indem wir Worte gebrauchen, um mit ihnen etwas zu sagen, handeln wir – aber die sprachlichen Handlungen sind ergebnisoffen, sie können ungehört bleiben, missverstanden werden, anders gemeint sein, man denke nur an Humor und Ironie. Wegen dieser Offenheit kann sich die Sprache ständig wandeln, und mit ihr wandeln sich Umstände des Gesprächs. Kommunikationssituationen entstehen durch Kommunikation, sie variieren zwar nach Mustern oder sogar Normen, und doch behalten sie jene abgründige Freiheit, die der Kanadier Eric Berne in die Frage fasste: *What Do You Say After You Say Hello?*[1] Und Situationen haben notwendig ein Davor und Danach, also Geschichte.

All dies kann Gegenstand des Wissens werden, und die linguistische Teildisziplin der Gesprächsanalyse sorgt bestens dafür. Aber als Fertigkeit (englisch zu reden) scheint all dies doch irgendwie zweitrangig zu sein. (Geodätisches) Sachwissen ist der Koch, (englisches) Kommunikationswissen nur der Kellner. Schließlich erwirbt man geodätisches Wissen durch wissenschaftliche Ausbildung, durch Teilnahme an Diskussionen, Exkursionen, Simulationen, an der Forschung überhaupt – Englischkenntnisse bloß durch Sprachenlernen. Ebenso, wenn Englisch Wissenschaft wird: hier anglistische Seminare und Vorlesungen, dort Englischkurse bei den Lektoren. (Warum eigentlich haben wir keine Lektoren für Deutsch? Sie wären bitter nötig.) Diese Asymmetrie von Sachwissen und kommunikativem Wissen verdient einige Erwägungen. Sie geht jedenfalls nicht auf in der Unterscheidung von Theorie und praktischem Knowhow, oder von Wissenschaft und Hilfswissenschaft. Sie ist konstitutiv.

---

1 Eric Berne, *What Do You Say After You Say Hello?* London: Corgi 1975.

Redende Künste

Redende Künste – ein schönes altmodisches Wort für kommunikatives Wissen. Es sind ihrer drei, wie die griechischen und römischen Bildungsexperten herausgefunden und es dem Mittelalter überliefert haben: Sprachkompetenz oder (lateinische) Grammatik, Textkompetenz oder (lateinische) Rhetorik / Poetik, Argumentationskompetenz oder (lateinische) Dialektik. Die drei Redekünste als Trivium bilden mit den vier Zahlenkünsten als Quadrivium (Arithmetik, Geometrie, Astronomie, Musik) die bekannten *septem artes liberales*. In der polytheistischen Antike machten diese Künste, neben Sport und Philosophie, die Bildung des freien Bürgers aus. Im christlichen Mittelalter dagegen braucht der kirchliche Nachwuchs vor allem Kenntnisse in der Gotteslehre. Die Philosophie überlebt nun als Magd der Theologie, die sieben Künste noch dienender. Zwar sind die Redekünste das Fundament aller lateinischen Bildungseinrichtungen, der Kloster-, Dom- und Stadtschulen ebenso wie der neuentstehenden Universitäten, aber doch nur im Sinne einer Vorschule, propädeutisch. Eine Schule, die nicht mehr zu bieten hatte als das Trivium der Redekünste, nannte man in fortgeschritteneren Zeiten Trivialschule.

Anders gesagt, das (lateinische) Kommunikationswissen ist es, das Schulen und die Artes-Fakultät der Universitäten elementar miteinander verbindet, zumal der Übergang zwischen ihnen lose geregelt war. Um 1500 versuchte die humanistische Bildungsrevolution, dies Kommunikationswissen aus seiner dienenden Stellung zu befreien und es wieder zur Hauptsache zu machen. Die Humanisten stellen die Universität provokant unter die Schirmherrschaft der Musen, seitdem können Studenten wie Dichter Musensöhne sein. Indem sie Fächer und Sprachen in den Artes-Fakultäten erweitern, indem sie mimetische Auseinandersetzung *(imitatio)* fordern, wollen die Humanisten aus antiken Rednern und Dichtern neue Redner und Dichter erstehen lassen, und das heißt im Zeitalter Gutenbergs: druckenswerte Autoren. Diesem Ziel dient die Orientierung an all jenen antiken Vorbildern, die, unabhängig davon, woran sie glaubten, gut geschrieben haben, also gute Texte (*bonae literae*) verfassten oder schöne Wissenschaften *(belles lettres)* trieben.

Im Jahr 1530 warb Luther in seiner Schulpredigt dafür, den akademischen Nachwuchs zu pflegen: »Wo wollten Prediger und Juristen und Ertzte her komen, wo nicht die Grammatica und ander rede künste fur handen weren? Aus diesem brunne müssen sie alle her fließen.« Das ist die Trias studierter Berufe, für welche die Universitäten im konfessionellen Zeitalter zu sorgen haben. Die Redekünste verbleiben als Schöne Wissenschaften, trotz aller gern geäußerten Hochschätzung, in jener Vor- oder Eingangshalle, die allmählich philosophische Fakultät genannt wird. Waren im Spätmittelalter noch mindestens drei Viertel aller Studierenden in den Artes-Fakultäten eingeschrieben, so wird es in den folgenden Jahrhunderten üblich, dass die Studienanfänger sich von vornherein berufsorientiert bei den höheren Fakultäten immatrikulieren, die den Doktortitel vergeben – als Theologen, Juristen, Mediziner.

Die Schönen Wissenschaften, in der Schule wie an der Universität, verwandeln Lektüre in Autorschaft, so wie es die Humanisten gewollt hatten. Wer Prosa und Poesie zu lesen gelernt hat, lernt sie auch zu schreiben. Dabei öffnen sich die Bildungseinrichtungen, wenngleich zögernd, der Textproduktion in der Muttersprache. Erst im Jahrhundert der Aufklärung gibt es Vorlesungen in deutscher Sprache über Deutsche Rhetorik und die Schönen Wissenschaften, es gibt daneben freiwillige Übungen der Deutschen Gesellschaften, die das kommunikative Wissen von der Vorherrschaft des Lateinischen zu emanzipieren helfen. Um die Mitte des 18. Jahrhunderts versucht – wie viele andere vor und nach ihm – Johann Andreas Fabricius, Rektor in Braunschweig, den gesamten Wissensstoff systematisch zu ordnen. In seinem *Abriß einer allgemeinen Historie der Gelehrsamkeit* (1752) erklärt er dasjenige Wissen, das sich mit Lesen, Sprechen und Schreiben befasst, zu einer unverzichtbaren Nebensache unter der Bezeichnung »Philologie«, sie sei »die Gelehrsamkeit der Nebendinge in Wörtern«. Diese Seiten- oder Nebenwissenschaft bildet das Rückgrat der Schönen Wissenschaften, sofern die *artes liberales* und die Philosophie (Weltweisheit) dazukommen: »Die Philologie in ihrer Verbindung mit den freyen Künsten und der Weltweisheit verdienet erst dann den Namen der schönen Wissenschaften, *humaniorum, des belles lettres.*« Vielfach zählt auch noch die Geschichte dazu.

Brot- und Schulwissenschaften

Immer aber ist die Schule mitverwickelt und mindert das Ansehen der Schönen Wissenschaften. »*Litterae humaniores* sind zwar *Studia*, so vornemlich auf den Schulen *tractiret* und in der Jugend gefasset werden, aber sie stehen nichts desto weniger auch Männern und alten Greisen an«, versucht ein Lehrbuch des 18. Jahrhunderts die Sache zu retten. Aber es hilft nichts, sie bleiben Schulwissenschaften, verglichen mit den Studien, die zu Amt und Würden verhelfen. Friedrich Schiller dramatisiert dies Verhältnis, als er »aus dem engen Kerker einer Brodwissenschaft [Medizin] heraustritt«, wie er in seinem *Schaubühnen*-Aufsatz (1784) schreibt, um als freier Autor auf dem literarischen Markt zu arbeiten. Aber die höheren Fakultäten wollen mit der brotlosen Kunst der niederen Fakultät nichts zu tun haben, klagt er: »Nichts ist bekannter, und nichts gereicht zugleich der gesunden Vernunft mehr zur Schande, als der unversöhnliche Haß, die stolze Verachtung, womit Fakultäten auf freie Künste heruntersehen – und diese Verhältnisse werden forterben, bis sich Gelehrsamkeit und Geschmack, Wahrheit und Schönheit, als zwo versöhnte Geschwister umarmen.«

Fünf Jahre später wird Schiller als Extraordinarius zur philosophischen Fakultät der Universität Jena gehören, er hält seine Antrittsvorlesung über die Frage »Was heißt und zu welchem Ende studiert man Universalgeschichte?«. Und – noch immer keine Umarmung, keine Versöhnung der Fakultäten, noch immer die stolze Verachtung. Nur steht jetzt die philosophische Fakultät oben, insofern sie den Menschen ausbildet, während die anderen bloß für den Arbeitsmarkt qualifizieren. Der Brotgelehrte füllt sein Gedächtnis, ohne sich selbst weiterzubilden, in einem ewigen Geistesstillstand antizipiert er lediglich die künftige Praxis. Findet er keinen Arbeitgeber, so war die Ausbildung nichts wert, »er hat umsonst nach Wahrheit geforscht, wenn sich Wahrheit für ihn nicht in Gold, in Zeitungslob, in Fürstengunst verwandelt«. Der philosophische Kopf dagegen übt Selbstausbildung als Wahrheitssuche, und wenn kein Stoß von außen sein Ideengebäude erschüttert, »so ist er es selbst, von einem ewig wirksamen Trieb nach Verbesserung gezwungen, er selbst ist der erste, der es unbefriedigt auseinanderlegt, um es vollkommener wiederherzustellen«. Für solche philosophischen Köpfe will Schiller seine Vorlesung halten, die anderen können rausgehen.

Unter Schillers Freund Wilhelm von Humboldt durfte die philosophische Fakultät ihre Nase so hoch erheben wie nie zuvor. Endlich verfügte auch sie über das Promotionsrecht. Sie galt als Schaltstelle für das Fortschreiten der Menschheit, seit 1810 in Berlin und bald auch in den anderen Orten des Deutschen Bundes, und wurde eben dadurch zur Lehrerausbildungsfakultät für die Gymnasien. Im Hinblick auf das Kommunikationswissen war das eher ein Unglück, denn nun fiel es auseinander. Die Klassische Philologie ebenso wie die neuen Nationalphilologien organisieren ihr Universitätswissen rezeptiv, im Lesen, Übersetzen, Interpretieren, Edieren von Texten. Das Sprechen und Schreiben findet keinen epistemologischen Ort mehr, allenfalls einen didaktischen, in den neu entstehenden Seminaren.

Bestärkt wird das Auseinanderdriften durch die scharfe Entgegensetzung von Kunst und Wissenschaft. Die alten Wissenschaften *(litterae)* wurden, wie Reinhart Koselleck bemerkte, singularisiert zu *der* Wissenschaft, die freien oder schönen Künste *(artes)* zum Monolith *der* Kunst. Während in anderen Kulturkreisen, etwa im französischen *homme de lettres*, jene dichte humanistische Konstellation von Wissen und Autorschaft (Sprachen, Geschichte, Philosophie, Rhetorik) bis ins 20. Jahrhundert weitergegeben wurde, riss sie in Deutschland entzwei. Immanuel Kant liquidierte den Begriff der Schönen Wissenschaften im Paragraphen 44 der *Kritik der Urteilskraft* (1790). Wissenschaft, sagt er, verlangt Gründe und Beweise, keine Geschmacksurteile, kann also nicht schön sein: »Es gibt weder eine Wissenschaft des Schönen, sondern nur Kritik, noch schöne Wissenschaft, sondern nur schöne Kunst.« Kunst ist seit der Goethe-Zeit per definitionem nicht mehr lehr- und lernbar, sondern ein Gottesgeschenk oder die Offenbarung des Volks- beziehungsweise Zeitgeists oder des Unbewussten.

Die Disjunktion von Schulwissen und Universitätswissen wird darüber hinaus zementiert durch die Erfindung des Abiturs, das in Preußen von 1788 bis 1834 schrittweise eingeführt wurde und in ganz Deutschland Schule machte. War die Erlaubnis zum Studieren früher ein Elternrecht gewesen, des Hausvaters nämlich, der seinen Söhnen ihre »Bestimmung« ebenso zuwies wie seinen Töchtern ihre Ehemänner, so erlaubt seit Einführung der Reifeprüfung nur die Schule (der erfolgreiche Schulabschluss) ein Universitätsstudium. In einer genialen Studie hat Rudolf Stichweh dargestellt, wie und warum die früher kontinuierliche Gradation des Wissens um 1800 in zwei Ebenen differenziert und verdoppelt wurde, Schulfach versus Wissenschaft.[2] Doch das kommunikative Wissen entzieht sich der Verdoppelung, es zerfällt nur in seine Bestandteile. Als Wissen entwickelt es sich an der Universität, als Fertigkeit verbleibt es an den Schulen. Dort soll man üben, sich und etwas auszudrücken, zumal im neuen Medium des deutschen Aufsatzes. Daher will auch der Neuhumanismus keine Autoren mehr produzieren, sondern bestenfalls Philologen.

Gleichwohl kooperieren damals Schule und Universität erfolgreich, wohl auch deshalb, weil Schule und Elternhaus kooperieren. Der Philologe Friedrich August Wolf hatte schon frühzeitig vorausgesehen, »daß diese Maturitäts-Prüfungen mit ihrem Ernst und ihrer Bedeutsamkeit selbst auf das elterliche Haus vortheilhaft einwirken«. Im Kontext des Bildungsbürgertums sollten auch außerhalb der Bildungseinrichtungen Sprachen und Sprechen, Lesen und Schreiben gefördert werden. Genau das verlangt der Bildungsgedanke: individuelles, familiäres, geselliges Selberlernen. In diesem Rahmen ist für kommunikatives Wissen gleichsam durch eine stillschweigende Vereinbarung gesorgt.

Aber mit dem Stillschweigen kam das Vergessen. Je mehr im 19. Jahrhundert die Industrialisierung um sich griff, desto offenkundiger wurde es, dass Chemiker, Physiker, Pharmazeuten und Ärzte (ganz abgesehen von den Ingenieuren) mehr für den Fortschritt der Menschheit tun mochten als Alt- oder Neuphilologen; was die Philosophen betrifft, ist die Sache wohl unentscheidbar. Damit bildete sich innerhalb der philosophischen Fakultät eine Rivalität heraus, die als Rangstreit zwischen Natur- und Geisteswissenschaften die letzten beiden Jahrhunderte beschäftigte, solange man an die *eine* Wissenschaft zu glauben glaubte. Für geisteswissenschaftliches Wissen fand man wechselnde Erkenntnisse, für kommunikatives Wissen keinen Ersatz. Die Germanistentage von heute offenbaren nur die Kluft zwischen Schule und Hochschule.

Wissen und Sagen

Das szientistische Einheitsprogramm ist zerfallen in eine kaum mehr überschaubare Diversität von Studiengängen, Internetplattformen, Netzwerken, Forschungsinitiativen und so fort, die miteinander um Geld und Aufmerksamkeit konkurrieren. Damit kehrt der Gegensatz von Brot- und Schulwissenschaften zurück, inhaltlich verändert, strukturell verschärft. Um die Theologie schweben Fragezeichen, Medizin und Jura stehen weiter in hoher Achtung, prominent aber sind produktionsnahe Disziplinen, Ingenieur- und Wirtschaftswissenschaften, Informatik, Neurologie und Biotech. Diese Brotwissenschaften sind relevant für das Wirtschaftswachstum, die Schulwissenschaften trifft der Vorwurf, es nicht zu sein.

---

2 Rudolf Stichweh, *Differenzierung von Schule und Universität im 18. und 19. Jahrhundert*. In: Gert Schubring (Hrsg.), *»Einsamkeit und Freiheit« neu besichtigt. Universitätsreformen und Disziplinenbildung in Preußen als Modell für Wissenschaftspolitik im Europa des 19. Jahrhunderts*. Stuttgart: Steiner 1991.

Um einmal in die alte Kiste mit den olympischen Göttern zu greifen: Die neue Welt der Wissenswirtschaft wird nicht mehr von Athene / Minerva repräsentiert, der Patronin von Wissen und Weisheit, und schon gar nicht von den neun Musen, sondern von Hermes / Merkur, dem wandelhaften Gott der Händler, Diebe, Botschaften und Interpreten. Er besorgt die Distribution, Kommunikation und Transformation von Wissen, und zwar so, dass es sich auszahlt. Anders gesagt, er ist zuständig für die Wertschöpfung durch Kommunikation. Man weiß, dass bloße Kommunikation kein *cash* bringt, *und* man weiß, dass sie zu den entscheidenden Faktoren für den Unternehmenserfolg zählt. Dialogorientiert arbeitet das Kommunikationsmanagement daran, symbolische Subjekte zu konstruieren, denen man vertrauen kann. Image und Reputation erfüllen für Individuen eine Orientierungsfunktion und beeinflussen ihr Verhalten, so heißt es in den Handbüchern der Unternehmenskommunikation. Es sind Informationen, die uns regieren, indem sie Gewissheit versprechen. Sie verdrängen den orthodoxen Glauben an Tatsachen und locken mit Wahrscheinlichkeiten und Unwahrscheinlichkeiten.

Unsicherheit wird in Sprachen durch die Kategorien der Modalität geregelt, bei Graphen und Bildern durch Leseanleitungen oder Kommentare, bei den Zahlen durch Wahrscheinlichkeitsverteilungen. In der Erforschung der Vergangenheit gibt es keine absolute Gewissheit, auch nicht bei der Erforschung der Gegenwart, erst recht nicht bei der Erforschung der Zukunft. Und doch sind Annahmen darüber, was kommen wird, grundlegend für das Handeln im Hier und Jetzt. Die Analyse von Risiken wird dabei vielfach in Form einer Statistik mitgeteilt, dies ist vielleicht die vornehmste Zahlenkunst der Gegenwart. Der Bildungsforscher Gerd Gigerenzer hält sie für eine Kernkompetenz, so wichtig wie Lesen und Schreiben. Noch immer sind nach seiner Einschätzung ein Großteil der Akademiker statistische Analphabeten. Er fordert statt einer Mathematik der Sicherheit, garantiert von zwei traditionellen Zahlenkünsten (Geometrie, Arithmetik), eine Mathematik der Unsicherheit, selbst für die Grundschule. Zahlen allein können nämlich nicht sprechen, wir müssen es für sie tun.

Und wie lernen wir das? »Gleichsam als Handwerkszeug«, antwortet die Kultusministerkonferenz in ihrem Beschluss zu den Bildungsstandards im Fach Deutsch vom 18. Oktober 2012. Die Analogie zum Handwerk hat was. Sie erinnert an jenes frühere Lernen ohne Unterricht, durch bloßes Dabeisein, durch Beobachten, Helfen, Ausprobieren, Mitmachendürfen, zwar nicht wortlos, aber doch irgendwie unterschwellig, bevor die Lexika der Aufklärung es allmählich der Öffentlichkeit zugänglich machten. Kommunikationswissenschaftler und Wissenssoziologen interessieren sich ganz aktuell für das Wissen, das hier im Spiel ist. Sie unterscheiden explizites Wissen vom impliziten Wissen *(tacit knowledge)*.[3] Explizites Wissen lässt sich formulieren und weiterreichen, einerlei wie, es ist situationsunabhängig. Implizites Wissen lässt sich vielleicht auch formulieren, aber nur in konkreten Situationen

3 Vgl. die verschiedenen Beiträge bei Jens Loenhoff (Hrsg.), *Implizites Wissen. Epistemologische und handlungstheoretische Perspektiven.* Weilerswist: Velbrück 2012.

weitergeben, es ist situationsgebunden. Das ist den Bildungsbehörden nicht unbekannt, im Gegenteil, sie verlangen ja schon für die Grundschule, dass die Kommunikation situationsgerecht, also ziel-, sach- und adressatenangemessen verläuft. Die traditionelle Rhetorik kennt das Problem unter der Bezeichnung *aptum*, ein guter Redner muss die Situation einschätzen können. Das Problem ist deswegen konstant geblieben, weil die Zahl der Kommunikationssituationen nach oben offen ist, wandelhaft wie Sprache und Sprachgebrauch selber.

Die Bildungsbehörden und ihre Agenten überspringen implizites und sozialisiertes Kommunikationswissen, indem sie Kompetenzen isolieren und kurzfristig einüben lassen. Schon für das zweite Schuljahr wird in Niedersachsen – nicht verlangt, sondern im vorschreibenden oder vorauseilenden Indikativ festgestellt: Die Schülerinnen und Schüler schreiben kurze Texte, in denen die Sätze inhaltlich plausibel und aufeinander bezogen sind; sie gestalten die Texte zweckmäßig und übersichtlich. Doch an dieser Kompetenz arbeiten wir alle, die wir schreiben, in welchem Schul- oder Lebensjahr auch immer. Der Grund dafür müsste den Didaktikern bekannt sein, zumindest in der mittlerweile klassischen Frage »Wie kann ich wissen, was ich denke, ehe ich höre, was ich sage?« Sprechen und Schreiben sind nicht nur Vehikel (»Handwerkszeug«), um Wissen weiterzugeben, sondern kommunikative Rückkopplungen, Maßnahmen also (»gleichsam« Handwerkszeug, die saure Arbeit des Begriffs), um Wissen zu präzisieren, ja hervorzubringen.

Man könnte einwerfen, dass es ja genügend Übungsfelder für kommunikatives Wissen in der Gesellschaft gibt, und auch genügend Spezialisten, die sich der Aufgabe annehmen, also Rhetorik-Coaching, Textschmieden, Presse- und Public-Relations-Abteilungen, Rechtschreibprogramme, obwohl sie (bis jetzt) keine Kommas setzen können. Warum sollen ausgerechnet die Bildungseinrichtungen dafür sorgen? Vor allem deshalb, weil sie mehr Lebenszeit darauf verwenden (auch wenn sie diese Ressource durch pralle Lehrpläne regelmäßig vernichten).

Den Umgang mit Begriffen lernt man am ehesten dadurch, dass sie einem, unabgepackt, immer wieder in neuen Kontexten begegnen. Dank der *longue durée* können die Bildungseinrichtungen einen bestimmten Mehrwert kultivieren: die Bereitschaft, Fragen zu stellen, die Fähigkeit, sich selbst zu korrigieren (wie Schiller hoffte), kurz: die Freude an der Erweiterung des Wissens. In den Worten des früheren Problemschülers und späteren Lehrers Daniel Pennac, über die Lehrer, von denen er lernen konnte: »Was diese Lehrer mit uns teilten, war nicht einfach ihr Wissen, sondern das Verlangen nach Wissen. Auch ihre Lust am Weitergeben gaben sie mir weiter.« Sein Buch trägt den Titel *Schulkummer*, die Sätze darin sind inhaltlich plausibel und aufeinander bezogen.[4]

[4] Daniel Pennac, *Schulkummer*. Köln: Kiepenheuer & Witsch 2010.

Die Kunst des Verstehens

In allen schulischen Handreichungen wird die Lesekompetenz aufgeteilt in drei Unterkompetenzen: Analyse, Interpretation, kreative Erweiterung. Das hat zur Folge, dass Sätze zwar beschrieben (gern der Wortschatz, ungern der Satzbau), aber kaum je als Äußerungen interpretiert werden (»Was tut Franz Moor, wenn er das sagt?«). Was sprachliches Handeln sei, wird Schülern und Studenten geradezu systematisch vorenthalten, wenn sie nur noch Kompetenzen nutzen sollen, um sich zu verständigen.

Dass Analyse und Interpretation sprachlicher Äußerungen untrennbar zusammengehören, ist eine Maxime der Hermeneutik. Ursprünglich eine Methode, um unverständliche Worte und Dinge in der Bibel zu erklären, wurde sie Anfang des 19. Jahrhunderts durch Friedrich Schleiermacher zu dem, was sie heute noch ist: die Kunst, fremdes Sprechen und Schreiben zu verstehen. In der zweiten Hälfte des 20. Jahrhunderts ernannten die Philologien sie zu einem methodischen Fluchtpunkt, sodass sie sich mit Theologie und Rechtswissenschaften berührte. Dabei erhielt die Hermeneutik ein Ausmaß an philosophischer Zuwendung, das den Grundcharakter einer jedermann geläufigen Kunst entschieden verdunkelt hat. »Jedes Kind kommt nur durch Hermeneutik zur Wortbedeutung«, hatte Schleiermacher notiert. Die Kinder erwerben ja nicht nur Sprachkompetenz in ihrer Muttersprache, sondern ebenso eine Sprachspielkompetenz, indem sie erfahren und ausprobieren, bei welcher Gelegenheit Worte gebraucht werden. Nur in Situationen oder Kontexten hören, sprechen, beobachten sie.

In gewisser Weise überträgt die Hermeneutik den Gesprächscharakter auf das Lesen von Texten. Was im Gespräch überhaupt erst interaktiv hervorgebracht werden muss – in Korrekturvorschlägen, Ergänzungen, Rückfragen –, das hat der Hermeneut alleine zu leisten. Er verhält sich dabei sowohl als Beobachter wie auch als Angesprochener, indem er Sprachzeichen registriert und zugleich resümiert, welche Botschaft er empfangen hat. Daher kommt es, dass sich hermeneutisch inspirierte Forschungen nicht recht in den wissenschaftlichen Fortschritt fügen; bestenfalls rühren sie angesichts der hartnäckig unbekannt bleibenden Texte etwas auf, worauf von Zeit zu Zeit, um eine Formulierung Burkhard Müllers zu borgen, vom halbvergessenen Satz eines alten Griechen plötzlich neues Licht fallen kann.

Das Leseverständnis von Fünfzehnjährigen ist durch die PISA-Tests zu einem europäischen Thema geworden. Aber muss man nicht erst einmal den Sachverhalt begreifen, bevor man den Text versteht, der davon redet? Mit einem halbvergessenen Satz Hans-Georg Gadamers: »Es ist da etwas in der Mitte niedergelegt, wie die Griechen sagen, an dem die Gesprächspartner teilhaben und worüber sie sich miteinander austauschen.« Eine finnische Arbeitsgruppe hat das vor Jahren experimentell bestätigt. Die Schüler einer vierten Klasse sollten einen Text lesen, in dem eine konkrete Handlung in einer bestimmten Situation beschrieben wurde, und anschließend ein Telegramm verfassen, in dem sie einem Außenstehenden Anweisungen geben, die gleiche Handlung auszuführen. Eine kleine Gruppe von Schülern erfüllte die Anforderungen, eine größere versagte und behalf sich mit Textbruchstücken, die auf gut Glück kombiniert waren. Dazwischen lag eine weitere, dritte Gruppe (mit ebenso guten Schulleistungen wie die erste), in der die Schüler den Text zwar fehlerlos zusammenfassen, aber keine handlungsrelevanten Aussagen machen konnten – sie hatten zwar die Textoberfläche verstanden, aber nicht die Textwelt, die im Text formulierte Wirklichkeit.[5] Die Kunst des Verstehens besteht aber darin, die beiden Pole ins Spiel zu bringen.

Indem Sprechen und Hören, Schreiben und Lesen sich wechselseitig aufeinander beziehen, formen sie das Feld des kommunikativen Wissens. Wenn also die schreibenden Schülerinnen und Schüler ihre Texte zweckmäßig und übersichtlich gestalten (sollen), dann werden sie das auch als Lesende tun, ja geradezu tun müssen. Sie sind der Notwendigkeit unterworfen, die Zeichenmengen, die sie aufnehmen, in einen Zusammenhang zu bringen, oder auch in mehrere. »Ich zitterte vor Begierde nach dem Zusammenhange«, lässt Grillparzer einen Erzähler sagen. So geht es uns allen, die wir dem Gegebenen eine Gestalt geben wollen müssen, sei es auf der Textoberfläche (Kohäsion), sei es in der Textwelt (Kohärenz) – und leider allzu oft enttäuscht werden. Über die Texte hinaus haben auch pragmatische Großformen mehr oder weniger Gestalt angenommen, die Diskussion, das beiläufige Geplauder, der Streit, die Beratung, die Geschichte. Vor allem die letzte Großform ist längst in der Öffentlichkeit wie auch im innerbetrieblichen Management, in *sponsored stories* auf Facebook (informelle Werbung) oder als Storytelling-Software vielfältig im Einsatz. In den Schönen Literaturen wie in historischen Darstellungen wie in den Medien finden sich lehrreiche Ausprägungen.

Was zu beweisen war

Die arbeitsteilige Ökonomie des Wissens befreit uns nicht von der Hermeneutik, auch das Internet nicht. »Für die digitalen Medien ist der Text entscheidend« (Alain Le Diberder). Solange man Texte nicht in einen Wissensrohstoff zurückverwandelt, sind Schulwissenschaften nötig, die kommunikatives Wissen kultivieren. Man hat sie verkannt, wenn man sie auf die Akkumulation von Wissen oder die Steigerung des Sozialprodukts verpflichtet. Gewiss, philologische Arbeit soll Texte sichern und erhellen, aber Texte kann man nicht »wissen«, man kann sie bestenfalls kennen. Sprach- und Literaturwissenschaften sind wahrhaft trivial darin, dass sie uns befähigen, unser Wissen zu kommunizieren. Das ist ihr genuiner Praxisbezug. Also wirklich nicht mehr, als bloß schlecht und recht einen Betrieb am Laufen zu halten? Besser recht als schlecht, natürlich. Und ja, einen kommerziellen Betrieb, der auf Zusammenarbeit angewiesen und daher wohl auch ein »Commercium der Geister und Herzen« (Herder) ist.

---

5 Erno Lehtinen, *Institutionale und motivationale Rahmenbedingungen und Prozesse des Verstehens im Unterricht*. In: Kurt Reusser / Marianne Reusser-Weyeneth (Hrsg.), *Verstehen. Psychologischer Prozeß und didaktische Aufgabe*. Bern: Huber 1994.

Filmkolumne

Content in Serie

Von Simon Rothöhler

15 Sekunden sind nicht viel Zeit. Man stelle sich dazu eine rezeptionsästhetische Entscheidungssituation vor, die von einem Countdown gerahmt ist. Der zählt einfach humorlos runter: noch zehn, noch fünf, null und aus. Der Zeitdruck löst sich auf, die Würfel sind gefallen – es hört aber nicht auf, sondern geht: weiter. So funktioniert das »post-play feature« des amerikanischen Video-on-Demand-Dienstes Netflix. Wer dort Serien rezipiert, sieht sich, während noch der Abspann einer gerade gesehenen Episode läuft, mit einem aufleuchtenden Timer konfrontiert: »Next episode playing in 15/10/5/0 seconds.« Wer bewusst nichts tut, zu bequem oder außerstande ist, sich gegen die vorprogrammierte Kontinuität zur Wehr zu setzen, hängt im Stream der nächsten Serienfolge fest. Dabei wollte man doch nur eine schauen.

Der eingebaute Automatismus ist ein Detail, das auf den grundlegenden Medienwechsel einer ästhetischen Form verweist. »Fernsehserien« haben Konjunktur – nicht nur als Feuilletonthema, sondern auch als vielseitig anschlussfähige Kulturware –, finden aber nur noch nachrangig im ursprünglich namensgebenden Medium statt. Fernsehen mag von gestern sein, die von ihm hervorgebrachte Serienästhetik scheint jedoch ausgesprochen viel digitale Zukunft zu haben. Im Fall eigenproduzierter Netflix-Serien wie dem Washingtoner Politikintrigendrama *House of Cards* steht nicht einmal am Beginn der Auswertungskette eine klassische Erstausstrahlung. Die Serie lief nie im Fernsehen, wurde nicht im Wochenrhythmus Episode für Episode gesendet, sondern befand sich bereits zum Zeitpunkt ihrer Premiere komplett streambereit im Netz. Abonnenten, die die erste Folge anwählten und dann zwölfmal nicht auf den Post-Play-Countdown reagierten, strömte die ganze Staffel en bloc auf den Screen der Wahl.

Auf den ersten Blick ist die Serienform mit diesem posttelevisuellen Distributionsmodus nun ganz buchstäblich dort angekommen, wo sie in der Wahrnehmung der interessierten Öffentlichkeit begrifflich schon seit einiger Zeit ist: beim »Langfilm«. Der Aufstieg des sogenannten Quality TV (*Sopranos* ff.) – noch so eine Marketingerfolgsformel, die es geschafft hat, von vielen für eine genreästhetische Kategorie gehalten zu werden –, ist diskursiv eng verbunden gewesen mit vergleichenden Seitenblicken auf die benachbarten und für werthaltiger befundenen Erzählformen des Kinos.

Genau genommen basiert die immer noch anhaltende Nobilitierungsgeschichte der Fernsehserie wesentlich auf kinematografischer Semantik. Die postulierte »Qualität« sollte stets als filmische verstanden werden. Serien als Langfilme zu perspektivieren, ruft zudem ein Überbietungsversprechen auf den Plan: Das »Cinematic Television« präsentiert sich, im Hinblick auf die Tiefe und Ausdifferenziertheit seiner Erzählung, als extensives Kino – und hat sich bei diesem auch gewisse Standards der visuellen Umsetzung, der Investition ins Bild abgeschaut. Es soll keiner mehr sagen, die Serie sähe nach Fernsehen aus.

Die Renaissance des Serienformats, sein Weg in bürgerliche Bücherregale (in Form repräsentativer DVD-Boxen), rekurriert dabei vordringlich auf einen bestimmten Typus serieller Ästhetik: die Fortsetzungsserie, die dann gerne auch »episch« oder »romanhaft« genannt wird. Die Voraussetzung für die ökonomische wie distinktionslogische Aufwertung der Fernsehserie bestand von Beginn an in einer Zurückdrängung episodischer Erzählweisen, bei denen die Einzelfolge einen ästhetisch geschlossenen Container bildet und im Kern immer ein festgelegtes Grundmuster variiert oder mehr noch »exemplifiziert« wird, wie Stanley Cavell einmal geschrieben hat.[1]

Im Englischen ist die damit angesprochene Basisdifferenz terminologisch festgehalten: *series* sind etwas anderes als *serials*. Und nur die mit episodenübergreifenden Handlungsbögen operierenden *serials* scheinen sich für die behauptete Idee von »Qualität« qualifiziert zu haben. Auch dort gibt es zwar diskrete Folgen, sie beziehen sich aber (anders) aufeinander. Was die »epischen« Erfolgsserien – die letzten konsensuell in den Kanon aufgenommenen dürften *Breaking Bad* und *Boardwalk Empire* gewesen sein – effektiv in Schach halten, ist das im Konzept »Serie« mitaufgerufene Wiederholungsmoment. Wo dieses war, soll im Qualitätsfall Fortsetzung werden. Warum eigentlich?

Eine interessante Antwort auf das Wiederholungsproblem, die Iterationssorge der Serie, findet sich in einem zwanzig Jahre alten Aufsatz des Medientheoretikers Hartmut Winkler, der mit *Technische Reproduktion und Serialität* überschrieben ist.[2] Ausgangspunkt ist die Überlegung, dass Serienästhetiken warenpsychologisch reflektiert werden können, weil »das Prinzip Serialität« in erster Linie im Bereich ökonomisch effizienter Herstellung von Massenkonsumgütern wirkmächtig geworden ist: »Zumindest was unsere materielle Umgebung angeht, leben wir … in einer seriellen Welt; wir können voraussetzen, dass die gerade gekaufte Blendamed-Tube der verbrauchten bis an die Grenze der Identität entspricht … Diese Identität (oder scheinbare Identität) ist ein wesentlicher Faktor von Stabilität und Orientierung in unserer Alltagswelt.« Andererseits, so Winkler, muss unsere Serienwelt ihre reproduktive Struktur, die in ihren Produkten untergründig mitkommunizierte »Kälte industrieller Fertigung« gleichsam eskamotieren. Individuelle Identität und identische Reproduktion, »Lebendigkeit« und ökonomische Rationalität stehen in einem Widerstreit; auszutarieren ist »das menschliche Maß«: »Man wird also … davon ausgehen können, daß der Skandal um Mechanizität und Serialität andauert.«

Im Ästhetischen hingegen kann Serialität auf verschiedene Weise symbolische Wiederholungsformen ausbilden, die weniger statisch sind. Mehr noch: Serienästhetik eröffnet einen Ort der Beobachtung von Serialität: »Filmserien, Fernsehserien oder periodische Sendeformen operieren mit einem Kalkül aus Konstanz und Variation. Indem sie konstante Settings innerhalb bestimmter Grenzen variieren, einzelne Momente der Beharrung bewusst konstant halten, umspielen sie den Ort, den die tatsächliche Wiederholung einnehmen würde; diese tatsächliche Wiederholung stellt die objektive Grenze dar, der das Spiel sich beliebig annähern, die es aber nie berühren darf.«

Auf der basalen Ebene lassen sich Fernsehserien demzufolge über ihre jeweilige Verhältnisbestimmung von Strategien der Iteration und solchen der Um- und Fortschreibung fassen, also über die differierende Bearbeitung jener Redundanz, die sich bei vollumfänglicher Wiederholung einstellen würde.

Allein schon mit Blick auf das interne Verhältnis der Folgen einer Serie untereinander zeigt sich natürlich, dass Serialität im Feld (post)televisueller Ästhetik andere und anders Serien bildet als die industrielle Serienfertigung in der Wa-

[1] Stanley Cavell, *The Fact of Television* (1982). In: William Rothman (Hrsg.), *Cavell on Film*. Albany: State University of New York Press 2005.

[2] Hartmut Winkler, *Technische Reproduktion und Serialität*. In: Günter Giesenfeld (Hrsg.), *Endlose Geschichten. Serialität in den Medien*. Hildesheim: Olms 1994.

renwelt, mit der die Fernsehserie unter dem Stichwort »Kulturindustrie« gleichwohl produktionsökonomische Organisationsformen, das Konzept maximal effizienter Hervorbringung teilt. Ein ästhetisches Verfahren, anhand dessen sich diese Differenz einfach ablesen lässt, wäre beispielsweise der Cliffhanger, das heißt ein Moment der Koppelung, bei dem die Herstellung von Abschluss und Anschluss zusammenfallen – eine Operation, für die es etwa in der Automobilindustrie keine Entsprechung gibt, weil es dort, in der Serienform identischer Reproduktion, keine Klippen und nichts zu überbrücken gibt.

Für die Fernsehserie gilt diese horizontale Verbindung des Einzelprodukts »Folge« hingegen gerade auch dort, wo Redundanz augenscheinlich am größten und Fortschreibung im Sinne des »to be continued« formatlogisch nicht vorgesehen ist: bei der Sitcom. Sie wäre ohne das Prinzip des Running Gags kaum denkbar, also eines Komödienverfahrens der Akkumulation, das nicht nur Kenntnis des reproduzierten Musters, sondern auch verschiedene, wie minimal auch immer voneinander abweichende Realisierungen voraussetzt.

Und umgekehrt sollte nicht übersehen werden, dass die fernsehästhetisch exzessivste Form ewiger Weiterschreibung, die Soap Opera, eigentlich die redundantesten Serien hervorgebracht hat. Der fernsehhistorische Einfluss dieser »unendlichen Erzählung« (Cavell) wird bei der jüngeren Qualitätsfeier des Modells »Fortsetzungsserie« gern vergessen – die Seifenoper kombiniert eine sture Idee von Linearität mit ebenso stur wiederholten Krisenmodellen und ist darin trotz Erzählkontinuum mehr Containerästhetik als viele episodisch abgedichtete Sitcom-Formate.

Gute Redundanz ist, wenn man trotzdem lacht. Die Wiederholung muss nicht großräumig umfahren, sondern nur spezifisch generiert werden, um »nichtmechanische« Serien auszubilden. Serienanalytisch interessant wird es ohnehin besonders dort, wo episodische Formate ein Moment der Progression freisetzen. Paradigmatische Sitcoms wie *Seinfeld* sind feinnervige Differenzexperten, die sich unermüdlich in die Unterscheidung von Unterscheidungen hineinbewegen, ohne ihren Begriff von Komplexität an erzählerische Kontinuität zu koppeln. Fortgeschrieben wird hier gleichwohl etwas: eine Art Kartografie sozialer Interaktionsmuster.

Die Frage nach dem Status von »Wiederholung« kann bei der Fernsehserie aber zugleich auf eine außertextuelle Dimension bezogen werden, nämlich auf ihre Warenform, die einerseits durch starre produktionsökonomische Strukturen, andererseits durch das Prinzip wiederholter Verwertbarkeit geprägt ist. Im Zuge des digitalen Medienwandels sind die Optionen der Bewirtschaftung durch »Wiederausstrahlung« generell vervielfacht worden. Wiederholung findet nun über eine ganze Palette unterschiedlicher Verwertungsfenster und Ausgabemedien statt. Das herkömmliche Fernsehen ist immer seltener darunter, selbst wenn der Fernseher als technisches Gerät (flat, smart, online) durchaus noch seinen Ort im digitalen Medienverbund hat und die Marktmacht der traditionellen Akteure der amerikanischen Fernsehindustrie keineswegs zerschlagen wurde.

Der Medienwissenschaftler John T. Caldwell hat diesen »shift from talking about productions as ›programs‹ to talking about them as ›content‹« bereits 2004 als industriestrategisches Transformationsnarrativ untersucht und dabei präzise nachgezeichnet, wie die Rhetorik der »Konvergenz der Medien« realiter von wirtschaftspolitischen Deregulierungsmaßnahmen und einer daraus resultierenden Herausbildung global agierender Medienkonglomerate begleitet worden ist.[3] Diese sind mittlerweile weitgehend konsolidiert – und auf eine Weise vertikal integriert (kontrollieren also von Produktion bis Distribution alle relevanten Phasen eines Medienkreislaufs), wie dies seit der Anti-Trust-Gesetzgebung des »Paramount Case« im Jahr 1949 nicht mehr der Fall war, in dessen Folge die großen Hollywoodstudios ihre Filmtheaterketten abgeben mussten.

In der gegenwärtigen Situation ist noch viel deutlicher zu sehen, dass serienästhetische Formate zum idealen, weil mit flexiblen Bewirtschaftungskonzepten assoziierbaren digitalen Content avanciert sind. Klassische Werbeerlöskonzepte lassen sich damit genauso umsetzen wie *data mining* oder unterschiedlich konstruierte Abonnementmodelle. Die vor kurzem veröffentlichten Eigenproduktionen von Amazon – eine Politik- und eine Silicon-Valley-Serie, zwei Komödienformate, die nur halb ironisch *Alpha* und *Beta* betitelt wurden – sollen nichts anderes leisten, als den Kundenstamm des zuzahlungspflichtigen Versandservice Amazon Prime zu erweitern. Der serielle Content muss sich also nicht direkt selbst amortisieren, sondern den privilegierten Zugang zu anderen Waren aufwerten – und dabei letztlich tiefer in das immer umfassender werdende Sortiment des Versandhändlers führen.

Offenbar eignen sich Serienformate auf besondere Weise dazu, unter den Bedingungen einer ausdifferenzierten Medienkonsumsphäre mittelfristig tragfähige Bindungen herzustellen. Die »Sucht«, von der Serienzuschauer in entsprechenden Fan-Foren immer sprechen, verweist auf Rezeptionsvorgänge, die oft wiederholt und deshalb angebotsseitig vergleichsweise präzise kalkuliert und kommodifiziert werden können. War zu Beginn des Stream-Zeitalters noch von der Ermächtigung des Zuschauers die Rede, der aus televisuellen Sendeschemata entlassen und selbst zum Programmierer wird, beziehungsweise von der Umstellung von *push* zu *pull media*, er-

---

3 John T. Caldwell, *Convergence Television. Aggregating Form and Repurposing Content in the Culture of Conglomeration.* In: Lynn Spigel / Jan Olsson (Hrsg.), *Television After TV.* Durham: Duke University Press 2004.

scheint das flexible »Ziehen« von Content heute eher als Intensivierung konsumptiver Berechenbarkeit.

Serien verleiten einerseits zu einer kontinuierlichen Investition – im Unterschied zu Filmen muss man sich, einmal mit dem Weltmodell einer Serie vertraut, nicht bei jeder Rezeption auf einen komplett neuen Entwurf einlassen, weder bei Fortsetzungs- noch bei Episodenserien –, verfügen aber durch das Prinzip der Formatierung in äußerlich identisch vermarktbare Einzelfolgen zugleich über vorportionierte Konsumeinheiten. Diese bilden ihrerseits keine apodiktischen Grenzen, sondern provozieren im Fall ästhetischer Effektivität zu weiteren (und eben: wiederholten) Sichtungen. Digitale Serialität verbindet so gesehen Stabilität mit Flexibilität, Immersion mit Exitangeboten, das Prinzip des unaufhörlichen Streams mit dem seiner variablen Modularisierbarkeit.

15 Sekunden. Dann startet die nächste Episode von *House of Cards*. Ganz altmodisch und fernsehserienästhetisch: mit der immergleichen Credit-Sequenz, mit Einstellungen, die Schauplätze reetablieren, mit zuverlässig eingestreuten Szenen, deren erzählerische Funktion allein darin besteht, einen Handlungsstrang zusammenzufassen, jetzt erst einsteigende oder wieder wach werdende Konsumenten auf den aktuellen Stand zu bringen. Ganz schön umständlich und repetitiv – hätte Netflix tatsächlich mit einem Zuschauer zu rechnen, dem nicht an episodenweise auftauchenden Konfliktlösungsmomenten und baugleich getakteten Binnenperipetien gelegen ist, der die gesamte Staffel also wirklich als kontinuierlich voranschreitende Erzählung rezipiert, in einem ununterbrochenen Stream.

Dass der »Langfilm«-Modus nur eine Form der werbestrategischen Kommunikation aktueller »Qualität« ist, wusste Netflix nicht zuletzt aus der Auswertung der gewaltigen hauseigenen Datenmine. 30 Millionen Play-Vorgänge jeden Tag, 4 Millionen abgegebene Ratings, die den Content bewerten und hierarchisieren, dazu unter der Haube ein Tagging-System, das sämtliche Inhalte in derzeit rund 80 000 mikrogenreanalytische Kategorien dekonstruiert und deshalb wohl als das größte laufende Metadatenprojekt zur Entschlüsselung des »Hollywood-Codes« gelten muss. Für das Webmagazin des *Atlantic Monthly* hat Alexis C. Madrigal kürzlich eine faszinierende Gegenentschlüsselung gestartet und den Algorithmus von Netflix' »personalized genres« zu decodieren versucht, was im Nachbau zur Aufdeckung genialer Subsubgenres führte: »Assassination Bounty-Hunter Secret Society Dramas Based on Books Set in Europe About Fame For Ages 8 to 10«, »Fight-the-System Political Love Triangle Mysteries« oder, auch schön, »Chilling Action Movies About Royalty«.[4]

Netflix, dessen Börsenwert sich 2013 verdreifacht hat, weiß wie Amazon zudem genau, an welchen Stellen User einen Stream abbrechen oder wann sie sich für ein »repeat viewing« entscheiden.[5] Oft war zu lesen, dass *House of Cards* keine Politik-, sondern de facto die erste Big-Data-Serie sei, deren Logik statistischen Analysen von Nutzerpräferenzen folge. Der Stream-Dienstleister hat sofort eine Gegenkampagne gestartet und beteuert, bei der Produktion des eigenen Content würde man nicht algorithmisch vorgehen, sondern ganz der kreativen Abteilung, dem Auftauchen und der Entwicklung »neuer Ideen« vertrauen. Alles andere wäre ja auch tatsächlich eine Wiederholung bereits existierender Protokolle – und insofern: verdächtig redundant.

4 Alexis C. Madrigal, *How Netflix Reverse Engineered Hollywood*. In: *Atlantic Monthly* vom 2. Januar 2014 (www.theatlantic.com/technology/archive/2014/01/how-netflix-reverse-engineered-hollywood/282679/)

5 David Carr, *Giving Viewers What They Want*. In: *The New York Times* vom 24. Februar 2013.

Ökonomiekolumne

Exportweltmeister

Von Werner Plumpe

Ein wundersamer Heilungsprozess: Die deutsche Wirtschaft, seit Mitte der 1990er Jahre der »kranke Mann« Europas, ist wieder da, kraftstrotzend, selbstbewusst, ein wenig eitel. Europa solle zukünftig mehr deutsch sprechen, empfehlen führende Politiker – im Hintergrund scheinen alte Vorstellungen von deutschen Tugenden durch, die es nicht nur ermöglichten, die Krise durch Arbeit, Fleiß und Bescheidenheit zu überwinden, sondern gleich zum Sieg in der Exportweltmeisterschaft vorzustoßen. »Und es mag am deutschen Wesen / einmal noch die Welt genesen« (Emanuel Geibel) – zumindest für die europäische Wirtschaft wird das derzeit niemand offen sagen, aber klammheimliche Zustimmung ist sicher.

Wenn doch die europäischen Partner nur ein wenig mehr wären wie »wir«, dann möchte auch das Experiment Euro funktionieren und der europäische Zusammenhalt insgesamt gesichert sein. Und die Daten widersprechen einer derartigen Haltung nicht einmal. Deutschland steht wirtschaftlich in der Tat besser da als seine europäischen Nachbarn, die Schuldenlast, wenn auch hoch, erscheint tragfähig, die wirtschaftlichen Perspektiven sind günstig, zumal der europäische Wirtschaftsraum offen ist. Aufgrund ihrer Kostenstrukturen und der Qualität ihrer Produkte steht die deutsche Industrie jedenfalls glänzend da.

Sorgen macht allein die Zahlungsfähigkeit der Kundschaft, die aufrechtzuerhalten daher auch ein besonderes Herzensanliegen der Bundesregierung ist. Da hilft man gerne, mit Geld, guten Ratschlägen und gelegentlich auch beherzten Eingriffen, wie man ja seinerzeit bereits die marode Wirtschaft der DDR auf Vordermann gebracht hatte: mit einer Mischung aus Transferzahlungen und Reformauflagen. Die Europäische Union ist dabei Ziel und Mittel zugleich; sie soll den Reformkurs durchsetzen, dessen Ergebnis sie zugleich ist.

Was aber sind diese »deutschen Tugenden«, mit denen die Wirtschaft des Landes Exportweltmeister geworden ist? Was verbirgt sich hinter den großen Exporterfolgen der deutschen Industrie? Wo kommen diese eigentlich her? Was ist das deutsche Geheimnis, das mittlerweile schon Briten dazu bringt zu fragen: *How to get more German?*

Ein begrenzter historischer Rückblick ist da lehrreich. Auch wenn die Daten nicht einheitlich sind, ja nicht einheitlich sein können, spricht viel dafür, dass die deutschen Territorien bis in das späte 16. Jahrhundert eine negative Leistungsbilanz aufwiesen, die durch die großen Silberfunde im Harz, im Erzgebirge und in Tirol ausgeglichen wurde. Für den Lebensstandard der Menschen war diese Konstellation im 15. Jahrhundert wahrscheinlich günstig; seit dem 16. Jahrhundert verschlechterte er sich aufgrund der anhaltenden inflationären Tendenzen und der recht starken Bevölkerungsvermehrung, bis das Alte Reich mit Beginn der kleinen Eiszeit im letzten Drittel des 16. Jahrhunderts und dem Dreißigjährigen Krieg in eine langanhaltende wirtschaftliche Krise geriet, mit der die Mehrzahl der deutschen Territorien als Importeur ausfiel. Das war für die ausländischen Handelspartner, insbesondere für die englischen Wollexporteure, ein handfestes Problem. Aber die Verarmung des Landes und die Erschöpfung der Silbervorräte bedingten einen Zusammenbruch des Imports.

Nach dem Ende des verheerenden Krieges schien es den Zeitgenossen der zweiten Hälfte des 17. und der ersten

Hälfte des 18. Jahrhunderts nur möglich, die kriegs- und seuchenbedingten Bevölkerungsverluste und den wirtschaftlichen Tiefstand des Landes durch eine Intensivierung der Güterausfuhr und einen entsprechenden Zufluss von Edelmetallen zu verbessern. Exporterfolge als Voraussetzung der angestrebten Blüte des Landes, wie man seinerzeit sagte, sind mithin keine Erfindung unserer Zeit, sondern ein Kernsatz der merkantilistischen Vorstellungen, die seinerzeit in fast allen europäischen Territorien vorherrschten.[1]

Exporterfolge ließen sich erzielen, wenn man qualitativ begehrte Waren hatte oder schlicht billiger anbieten konnte. Beide Phänomene finden sich, aber das letztere überwog schließlich eindeutig. Seit dem 18. Jahrhundert entstanden im Alten Reich immer mehr Gewerbeexportregionen, die einfache Produkte, zumeist Textilien oder Eisenwaren, exportierten und dafür Nahrungsmittel importierten, um die wieder wachsende Bevölkerung zu ernähren.[2] Da die Masse der unterständischen Bevölkerung teils von Heimarbeit, teils von kleinen landwirtschaftlichen Stellen lebte, waren die Lohnkosten gering, die Exportpreise niedrig. Diese schließlich verbreiteten protoindustriellen Strukturen waren dabei von Anfang an geradezu weltwirtschaftlich orientiert. Das schlesische Leinengewerbe etwa verband durch das sogenannte Kaufsystem die schlesischen Heimweber mit der großen Nachfrage der westindischen Plantagenwirtschaft nach einfachen Textilien.[3]

Mit der Industrialisierung verlor dieses Modell protoindustrieller Weltmarktorientierung an Bedeutung; trotz ihres geringen Einkommens waren die Handweber schließlich gegenüber der Maschinenweberei nicht mehr konkurrenzfähig. Im 19. Jahrhundert reichten die gewerblichen Strukturen und die schrumpfenden Exporterfolge daher nicht mehr aus, die stark wachsende Bevölkerung zu ernähren; die Heimarbeiterregionen gerieten in Schwierigkeiten, von denen der Aufstand der schlesischen Weber bis heute zumindest literarische Spuren hinterlassen hat. Wenn nicht genügend Waren exportiert werden können, gehen die Menschen. Und in der Tat wanderten im 19. Jahrhundert sechs Millionen Menschen aus Deutschland aus, die meisten von ihnen nach Nord-, viele aber auch nach Südamerika.[4]

Das änderte sich erst, als auch in Deutschland die Industrialisierung Platz griff. Jedoch zeigte sich bereits im Gründerkrach nach 1873, dass angesichts des recht niedrigen Lebensstandards eine umfassende industrielle Expansion rasch an die Grenzen des Heimatmarktes stoßen würde. In den 1870er und 1880er Jahren stellte sich für die zuvor rasant gewachsene deutsche Industrie daher die Frage, ob sie schrumpfen musste oder auf die Weltmärkte ausweichen konnte.[5]

Letzteres war der weitaus attraktivere Weg, zumal die Arbeitskosten in Deutschland deutlich unter dem westeuropäischen Durchschnitt lagen. »Lohndumping«, so der seinerzeit verbreitete Vorwurf, war die einzige Möglichkeit, die großen industriellen Kapazitäten aufrechtzuerhalten, da ein Verbilligen der deutschen Güter über den Wechselkurs im Rahmen des Goldstandards nicht möglich war. Das trug der deutschen Industrie namentlich in England

[1] Vgl. Fritz Blaich, *Die Epoche des Merkantilismus*. Wiesbaden: Steiner 1973.

[2] Vgl. Peter Kriedte, *Spätfeudalismus und Handelskapital.* Göttingen: Vandenhoeck & Ruprecht 1980.

[3] Vgl. Marcel Boldorf, *Europäische Leinenregionen im Wandel. Institutionelle Weichenstellungen in Schlesien und Irland 1750-1850.* Köln: Böhlau 2006.

[4] Vgl. Josef Ehmer, *Bevölkerungsgeschichte und Historische Demographie 1800-2010*. München: Oldenbourg 2013.

[5] Vgl. Ulrich Wengenroth, *Unternehmensstrategien und technischer Fortschritt. Die deutsche und die britische Stahlindustrie 1865-1895.* Göttingen: Vandenhoeck & Ruprecht 1986.

den Vorwurf ein, man überschwemme die internationalen Märkte mit billigem Ramsch. Vor diesem Hintergrund schrieb England schließlich die Bezeichnung »Made in Germany« vor (Merchandise Act von 1887), um die englischen Verbraucher vor minderwertigen deutschen Produkten zu warnen. Das generelle Verdikt über deutsche Waren war unzutreffend; vor allem aber führte die verbreitete Kritik an deutschen Produkten zu massiven Anstrengungen, deren Qualität zu verbessern, während man auf die niedrigen Arbeitskosten durchaus zufrieden blickte.

Das, was heute als deutsche Tugend hingestellt wird, war also nichts anderes als eine Reaktion auf spezifische Marktbedingungen: Ein zu kleiner Heimatmarkt zwang zu Exporterfolgen, die – bei festen Wechselkursen zumal – zugleich vom Preis wie von der Qualität der Ware abhingen. Da die deutsche Industrie in den verschiedenen Ländern mit jeweils ganz unterschiedlichen Bedingungen konfrontiert wurde, musste sie zudem eine gewisse Sensibilität gegenüber der jeweiligen Charakteristik der einzelnen Märkte gewinnen.

Darin unterschied sie sich völlig vom parallel erfolgenden Aufschwung der nordamerikanischen Industrie, die sich darauf konzentrieren konnte, den rasch wachsenden heimischen Markt mit recht homogenen Massenprodukten zu erschließen.[6] Darum spielte der Export für die amerikanische Industrie nie die Rolle, die er für deutsche Unternehmen hatte. Die großen Chemiebetriebe etwa machten vor Ausbruch des Ersten Weltkrieges bereits vier Fünftel ihres Umsatzes im Ausland und beherrschten den Weltfarben- und Pharmamarkt nach Belieben.[7] Die Chemie war keine Ausnahme, wenngleich ihre Exporterfolge exzeptionell waren. Auch der Maschinenbau oder die feinmechanische und optische Industrie waren längst weltmarktorientiert.

Wenn es eine Phase gab, in der Deutschland zum Exportweltmeister wurde beziehungsweise den langjährigen Favoriten Großbritannien langsam von der Spitze zu verdrängen begann, dann in diesen Jahren vor 1914. Carl Duisberg, der seinerzeitige Generaldirektor der Farbenfabriken vorm. Friedr. Bayer & Co. und spätere Vorsitzende des Reichsverbandes der Deutschen Industrie, brachte das in den zwanziger Jahren ganz offen zum Ausdruck: »Es gab eine, allerdings schon weit zurückliegende Zeit, da haftete den deutschen Waren der Makel an, sie seien ›billig und schlecht‹. Das aber war eine Anfangserscheinung der sich zum erstenmal auf den Weltmarkt wagenden deutschen Waren. Sie wurde gar bald überwunden. Man erkannte schnell, daß nur durch hochwertige Qualitätserzeugnisse auf dem Weltmarkt fester Fuß zu fassen ist. In der Folgezeit wurden die deutschen Waren gut, d.h. immer besser und besser, und blieben dabei doch billig. Die deutsche Ausfuhr stieg infolgedessen von Jahr zu Jahr, und zwar in einem Ausmaße, daß wir leider nur allzubald den Neid der anderen Länder weckten. In diesem Konkurrenzneid wurzeln im wesentlichen die tieferliegenden Ursachen des großen Weltkrieges. Heute sind wir durch den verlorenen Krieg und seine Auswirkungen im Export erheblich zurückgeworfen. Wir sind aber, wollen wir unser Volk am Leben erhalten, unbedingt auf eine umfangreiche Ausfuhr angewiesen. Die uns fehlenden Nahrungsmittel und Rohstoffe müssen wir gegen Exportartikel eintauschen. Wollen wir nun unsere unter Berücksichtigung der Geldentwer-

6 Vgl. Bernd Dornseifer, *Strategy, Technological Capability and Innovation. German Enterprises in Comparative Perspective*. In: François Caron u.a. (Hrsg.), *Innovation in the European Economy between the Wars*. Berlin: de Gruyter 1995.

7 Vgl. Gottfried Plumpe, *Die I.G. Farbenindustrie AG. Wirtschaft, Technik, Politik 1904-1945*. Berlin: Duncker & Humblot 1990.

tung um 1/3 gesunkene Ausfuhr wieder steigern, so bleibt uns als Hauptmittel die Steigerung unserer Qualitätsarbeit, selbstverständlich zu wettbewerbsfähigen Preisen. In der Zukunft muß noch mit stärkerem Nachdruck als in der Vorkriegszeit unsere Losung ›billig und gut‹ lauten.«[8]

Für die anderen Länder waren die deutschen Exporterfolge nicht nur Grund zu Sorge oder Neid; sie profitierten auch von den preiswerten und qualitativ hochwertigen Industriegütern, die man aus Deutschland beziehen konnte. Großbritannien, lange Zeit die Werkstatt der Welt, konzentrierte sich bereits in den Jahrzehnten vor dem Ersten Weltkrieg mehr und mehr auf seine zentrale Rolle als internationaler Finanzplatz. Auch Frankreich, das sich einer flächendeckenden Industrialisierung ohnehin nur sehr zögerlich öffnete, nutzte die Industrieimporte aus Deutschland, die es selbst nur zu schlechterer Qualität und höheren Kosten hätte substituieren können.

Der Erste Weltkrieg, der durch die Unterbrechung der internationalen Handelsbeziehungen gekennzeichnet war, zeigte dieses Dilemma deutlich auf: Man war auf Importe aus Deutschland angewiesen, auch wenn man die deutschen Exporterfolge immer kritisiert hatte. Importsubstitutionsindustrialisierung, wie sie nach 1914 massiv betrieben wurde, war da keine wirkliche Alternative, wie auch die Weltwirtschaft nach 1918 von den durch das Versailler System errichteten politischen und ökonomischen Barrieren nicht profitierte.

Ein schrumpfender oder nur langsam wachsender Welthandel war keineswegs ein Vorteil, im Gegenteil. Überdies hatten die deutschen Exporterfolge vor 1914 gerade in einem Punkt nur geringe Wirkung gezeigt, in gewisser Weise sogar einen gegenteiligen Effekt erzielt: Das Wohlstandsniveau, gemessen am Prokopfeinkommen der Bevölkerung, war in Großbritannien und Frankreich, von den Vereinigten Staaten ganz zu schweigen, deutlich höher als in Deutschland. Deutschlands Exporterfolge waren also für den Lebensstandard der Menschen in anderen Ländern nicht unmittelbar eine Bedrohung, eher schon für die eigene Bevölkerung, die den Preis für die Exporte in nur langsam steigenden Löhnen zu zahlen hatte.

Duisbergs wohl zu Recht geäußerte Vermutung, die wachsenden wirtschaftlichen Unterschiede hätten den Hintergrund zum Krieg abgegeben, sind daher ohne die Politisierung dieser Differenzen nicht zu begreifen. In einer Welt, die man zurecht der »Tonnenideologie«, also des Wetteiferns um Kennziffern, geziehen hat, war wirtschaftlicher Erfolg mehr als eine ökonomische Frage – es ging immer auch um Macht, Prestige und schließlich Staatenkonkurrenz.

Von einer Zerstörung der Weltwirtschaft und einer Schwächung des ehemals so erfolgreichen Exporteurs profitierte freilich niemand. Die Zwischenkriegszeit wird von den britischen Wirtschaftshistorikern Findlay und O'Rourke unter dem Titel der »Deglobalization« abgehandelt, und zwar keineswegs als Erfolgsgeschichte.[9] Die arbeitsteilige Spezialisierung der Vorkriegszeit ließ sich nicht durch eine Orientierung an nationalen Wirtschaftsräumen ersetzen, mit der zugleich dem vermeintlichen Feind seine Spezialisierungsvorteile streitig gemacht werden sollten. All das funktionierte nicht, bereitete aber der Weltwirtschaftskrise von 1929 und damit auch dem Desaster des Nationalsozialismus den Weg.

8 Carl Duisberg, *Führertum und Wirtschaft* (1927). In: Ders., *Abhandlungen, Vorträge und Reden aus den Jahren 1922-1933*. Berlin: Verlag Chemie 1933.

9 Ronald Findlay / Kevin H. O'Rourke, *Power and Plenty. Trade, War, and the World Economy in the Second Millennium*. Princeton University Press 2007.

Nach dem Zweiten Weltkrieg war die Staatengemeinschaft zunächst aus guten Gründen geneigt, Deutschland dauerhaft aus der internationalen Arbeitsteilung auszuschließen. Insbesondere Frankreich favorisierte einen europäischen Wiederaufbau ohne oder doch zumindest nur mit einem maßgeblich geschwächten Deutschland, scheiterte damit aber erneut an der Realität der internationalen wirtschaftlichen Arbeitsteilung. Dollarklausel und Dollarlücke sind die Begriffe,[10] ohne die Marshallplan und beginnende westeuropäische Integration unverständlich bleiben müssen.

Die Vereinigten Staaten verfolgten nach dem Krieg zunächst weitreichende Deindustrialisierungspläne für Westdeutschland und bestanden zugleich darauf, dass Exporte aus Westdeutschland in Dollar zu bezahlen waren. Für die ehemaligen Handelspartner Deutschlands im Westen war die US-Politik ein Desaster, schien doch ihr Haupthandelspartner dauerhaft auszufallen oder nur zu hohen Kosten erreichbar. Die Niederlande gerieten so in eine wirtschaftliche Krise, die bis in das Jahr 1948 anhielt. Auch Frankreich sah sich mit großen Problemen konfrontiert, da es die nötigen Dollar zum Import der für den Wiederaufbau benötigten Güter nicht besaß und sie im Handelsverkehr mit den USA auch nicht verdienen konnte.

Ohne die Einbeziehung der westdeutschen Industrie wäre der Wiederaufbau des westlichen Teils des Kontinentes daher schwer möglich gewesen. Der Sinn des Marshallplans erklärt sich letztlich aus dieser Konstellation – nach Ausbruch des Kalten Krieges waren die Vereinigten Staaten massiv an einer raschen Erholung Westeuropas interessiert und erzwangen mit dem Marshallplan die Einbeziehung Westdeutschlands in diesen Wiederaufbau. Zugleich förderten sie damit den eigenen Export – gegen den Widerstand oder doch zumindest Widerwillen insbesondere Frankreichs.[11]

Das Märchen vom selbstlosen Marshallplan, der heute gerne als Modell zur Restrukturierung der europäischen Wirtschaft angepriesen wird, hat mit der Realität nichts zu tun. Es war gerade nicht so, dass Westdeutschland ohne Hilfe nicht auf die Beine gekommen wäre, sondern umgekehrt. Den Wiederaufbau Westeuropas zugleich zu ermöglichen und die westeuropäischen Ängste vor dem dann zwangsläufigen wirtschaftlichen Wiedererstarken Deutschlands einzudämmen, war der eigentliche Sinn des Marshallplans und der sich anschließenden europäischen Integration.[12]

Die westdeutsche Wirtschaft nutzte ihre Chance und war bereits Mitte der fünfziger Jahre auf dem Rückweg in die Rolle des Exportweltmeisters.[13] Das System von Bretton Woods mit seiner zeitweiligen Unterbewertung der D-Mark beförderte diese Rückkehr, da es die wegen relativ niedriger Lohnkosten ohnehin hohe Wettbewerbsfähigkeit der westdeutschen Industrie zusätzlich steigerte. Solange die Angebotselastizität der westdeutschen Industrie groß war, und das war sie wegen des Fehlens der Rüstungsindustrie bis weit in die fünfziger Jahre hinein, wirkte das alles wie ein einziger Verstärker des historisch entstandenen Spezialisierungsmusters.

Westdeutschland war Ende der fünfziger Jahre bereits wieder der weltweit führende Lieferant komplexer Industriegüter. Dass dieser Erfolg nicht nur mit der Qualität der deutschen Produkte,

---

[10] Vgl. Christoph Buchheim, *Die Wiedereingliederung Westdeutschlands in die Weltwirtschaft 1945-1958*. München: Oldenbourg 1990.

[11] Vgl. Gerd Hardach, *Der Marshall-Plan. Auslandshilfe und Wiederaufbau in Westdeutschland 1948-1952*. München: dtv 1994.

[12] Vgl. Ludger Lindlar, *Das mißverstandene Wirtschaftswunder. Westdeutschland und die westeuropäische Nachkriegsprosperität*. Tübingen: Mohr Siebeck 1997.

[13] Vgl. Herbert Giersch / Karl-Heinz Paqué / Holger Schmieding, *The Fading Miracle. Four Decades of Market Economy in Germany*. Cambridge University Press 1992.

sondern auch mit deren Preis zu tun hatte, war der deutschen Exportwirtschaft nur zu gut bewusst, die wiederholt massiv gegen eine im Rahmen des Systems von Bretton Woods durchaus mögliche Aufwertung der D-Mark protestierte, und zwar mit genau den Argumenten, die heute die Euro-Befürworter vor sich hertragen: Eine Aufwertung der Mark schade der deutschen Wirtschaft und gefährde Arbeitsplätze. Dass unter den Bedingungen weltweiter Hochkonjunktur die unterbewertete D-Mark zu einer exportinduzierten Inflation beitrug, bestritt man beziehungsweise empfahl Sparsamkeit als Gegenmittel. Diese reichte jedoch nicht; zweimal musste die D-Mark aufgewertet und schließlich das System von Bretton Woods verlassen werden.

Die Wirkungen waren in der Tat gravierend, da die bislang durch den niedrigen DM-Kurs faktisch subventionierten Industriezweige große Probleme bekamen und zum Teil ganz untergingen. Andererseits profitierte die Bundesrepublik vom höheren Kurs der D-Mark durch das Sinken der Importrechnung; die Ölpreisschocks waren so einigermaßen zu verkraften.[14]

Die anderen Industrien taten das, was sich seit den 1880er Jahren als »deutsche Tugend« herausgestellt hatte. Da ein Schrumpfen der Industrie nicht in Frage kam, forcierte man die Innovation und suchte zugleich die Lohnstückkosten so niedrig wie möglich zu halten. Der Erfolg war schlagend; selbst unter den Bedingungen relativ flexibler Wechselkurse in den 1980er Jahren konnte die bundesdeutsche Wirtschaft ihre Exportposition behaupten, ja punktuell ausbauen. Die Wiedervereinigung schuf dann freilich massive Anpassungsprobleme, und da sich mit dem Maastrichter Vertrag und der Einführung des Euro die wirtschaftlichen Perspektiven anderer Länder in Europa schlagartig aufhellten, floss seit Mitte der 1990er Jahre vermehrt Kapital aus Deutschland in diese Länder ab, mit der Folge, dass die deutsche Wirtschaft in eine strukturelle Krise geriet. Wie schon unter den vergleichbaren Bedingungen fester Wechselkurse in den 1870er und 1880er Jahren reagierte die deutsche Wirtschaft darauf auch nach der Jahrtausendwende mit der Doppelstrategie der Kostensenkung und der Qualitätsverbesserung – nach Ausbruch der Finanzkrise mit durchschlagendem Erfolg, da sich jetzt auch in Europa die Kapitalströme drehten, wovon Deutschland zumindest zeitweilig profitierte. Derzeit sind die Investitionen indes wieder sehr niedrig.

Deutsche Exporterfolge sind also keine Ausnahme oder irgendwie mysteriös, sondern seit den 1880er Jahren der Regelfall zumindest der europäischen, seit der Zeit nach dem Zweiten Weltkrieg der Weltarbeitsteilung. Sie haben nichts mit besonderen Tugenden zu tun, sondern mit einer bestimmten Form der Spezialisierung – eben auf die Lieferung von aufgrund ihrer Qualität im Vergleich preiswerten Industriegütern. Historisch gab es zu dieser Spezialisierung keine wirkliche Alternative, da eine Konzentration auf Finanzdienstleistungen angesichts der britischen und amerikanischen Konkurrenz nicht möglich war und das französische Modell wegen unterschiedlicher historischer Bedingungen nicht kopierbar ist. Die sich durch die jeweilige Spezialisierung ergebenden Vorteile sind nicht von der Hand zu weisen und haben im Rahmen der Europäischen Wirtschaftsgemeinschaft und der Europäischen Gemeinschaft bis zum Vertrag von Maastricht auch segensreich gewirkt.

All das gereichte Europa jedenfalls eher zum Vorteil, zumindest solange die jeweiligen nationalen Regierungen und

14 Jens Hohensee, *Der erste Ölpreisschock 1973/74. Die politischen und gesellschaftlichen Auswirkungen der arabischen Ölpreispolitik auf die Bundesrepublik Deutschland und Westeuropa*. Stuttgart: Steiner 1996.

die jeweiligen Unternehmen noch die Chance hatten, auf ökonomischen Strukturwandel und sich ändernde Rahmenbedingungen differenziert zu reagieren.

Die Einführung des Euro, die zunächst als Krönung der europäischen ökonomischen Kooperation erschien, bewirkt nun letztlich das Gegenteil. Der bis dato sinnvolle Integrationsprozess schlug in eine Art wirtschaftliche Zwangsjacke um, die zwickt und kneift, weil sie nicht passt.[15] Vor allem aber erzwingt der Euro eine Harmonisierung zu den Bedingungen der leistungsfähigsten Volkswirtschaft, und das ist unter den gegebenen Bedingungen die deutsche, deren Strategie immer schon darin bestand, externe Änderungen durch interne Anpassungen zu kompensieren.

Europa wird sich aber nicht auf deutsche Weise ummodeln lassen, da ja gerade die Vorteile dieses Modells verschwänden, wenn es sich verallgemeinerte. Ökonomisch ist das nicht vorstellbar – und politisch ausgeschlossen, da sich die europäischen Staaten auf eine derartige Harmonisierung gerade nicht einlassen werden. Die wäre, ja ist in gewisser Weise schon heute auch für den Exportweltmeister fatal, der für seine Waren keine realen Gegenwerte (Targetsalden) mehr bekommt, zur Aufrechterhaltung seiner Exportfähigkeit aber die Lebensbedingungen im eigenen Land drücken muss.

Für alle Seiten wären daher eine größere wirtschaftspolitische Autonomie und ein System flexibler Währungen bei zugleich garantierter Kooperation günstig, wie sie für die Europäische Gemeinschaft vor Maastricht typisch waren.[16] Die Ungleichgewichte gingen zurück, und die Lebensbedingungen besserten sich, nicht zuletzt in Deutschland. Die Horrorszenarien für den Fall einer Aufgabe des Euro und einer Begrenzung des derzeitigen europäischen Integrationsmodells zeugen hingegen vor allem von einem – dass nämlich das System der Exporterfolge durch Kostenreduzierung um jeden Preis aufrechterhalten werden soll. Daher auch der starke Wille, mögliche lohntreibende Knappheiten auf dem Arbeitsmarkt durch forcierte Zuwanderung von vorneherein zu verhindern, daher auch die scheinbar grenzenlose Bereitschaft, die Zahlungsfähigkeit der Exportkundschaft zu sichern.

Nur: Was unter den Bedingungen flexibler Wechselkurse und nationaler wirtschaftspolitischer Autonomie noch korrekturfähig war, wird nun zur Zeitbombe. Wenn das deutsche Modell, das nichts anderes als eine historische Spezialisierung ist, die von anderen Spezialisierungen ebenso abhängig war und ist wie diese von der deutschen, sich europaweit verbindlich durchsetzt, dann verspricht das nichts Gutes, auch nicht für die deutsche Volkswirtschaft. Eine Spezialisierung ist eben nicht verallgemeinerbar. Den anderen Modellen, namentlich der französischen Variante einer stärker binnenmarkt- und konsumgüterbezogenen Industrialisierung, würde damit über kurz oder lang der Boden entzogen, mit unabsehbaren Folgen, denn eine Art DDRisierung (Transferzahlungen zum Ausgleich von Deindustrialisierung) würde jenseits des Rheins wohl kaum hingenommen werden.

---

15 Vgl. Dominik Geppert, *Ein Europa, das es nicht gibt. Die fatale Sprengkraft des Euro*. Berlin: Europa 2013.

16 Vgl. Wolfgang Streeck, *Gekaufte Zeit. Die vertagte Krise des demokratischen Kapitalismus*. Berlin: Suhrkamp 2013.

Neuer oder spekulativer Realismus

Von Cord Riechelmann

»Welche Realität?« kräht etwa in der Mitte von Lutz Dammbecks wunderbarem Dokumentarfilm *Das Netz* ein lustiger Greis in seinem Wohnzimmer in die Kamera. Der Greis ist Heinz von Foerster, einer der Mitbegründer der Kybernetik und als radikaler Konstruktivist vor allem in den 1980er Jahren ein intellektueller Star. Das Leben und die Gesellschaft, in der er lebte, haben es gut gemeint mit Heinz von Foerster, das merkt man sofort, wenn man ihn im Film sieht.

Die Wirklichkeit aber, nach der Dammbeck fragte, war die des Waldes direkt vor von Foersters Tür. Eine Frage, die bei von Foerster gar nicht ankam. Sie verhallte mit der gekrähten Gegenfrage und dem Credo aller Konstruktivisten, wonach Realität nur das ist, was man gut oder logisch stimmig konstruiert. Den Wald gab es für von Foerster gar nicht, wahrscheinlich hielt er ihn für Dekor, erfunden für schöneres Spazierengehen. Und, so sprudelte es weiter aus ihm heraus: Das Gehirn sei ein Computer, ja, klar.

Unheimlich sind die Foerster-Sequenzen in Dammbecks Film, weil er die lustigste und sympathischste Figur in der Dokumentation ist und dabei die ungeheuerlichsten Sachen sagt, ohne auch nur die geringste Spur von Zweifel. »Ja, aber« oder ein »Vielleicht« gibt es bei ihm nicht. Die Lebendigkeit des alten Mannes ist im Wissen zementiert.

Dammbecks Film aus dem Jahr 2004 ist vordergründig eine Geschichte um den Fall des Una-Bombers Theodore (»Ted«) John Kaczynski. Der Film beginnt mit Bildern aus dem Wald in Montana, in den Kaczynski sich, in einer kleinen Hütte lebend, zurückgezogen hatte. Von da aus hatte er von 1978 bis 1995 mehrere Briefbomben an Fluggesellschaften, Wissenschaftler und Computerladenbesitzer geschickt, die drei Menschen töteten und mehrere andere schwer verletzten. Für Kaczynski waren diese Attentate ein Teil seines Kampfes gegen den um die Computertechnologie entstandenen wissenschaftlich-industriellen Komplex.

Dammbecks Dokumentation wird auf den Spuren von Kaczynskis Biografie zu einem filmischen Notizbuch um die Entstehung des Computers und der sich darum bildenden wissenschaftlichen, ökonomischen und gesellschaftlichen Milieus. Er spricht unter anderem mit dem Literaturagenten John Brockman, mit Stewart Brand, dem Erfinder des *Whole Earth*-Katalogs, und dem Informatiker David Gelernter. Der Film wird in seiner Gesamtheit, weil er sich jeder zusammenfassenden Schlussfolgerung enthält, zu einer unaufdringlichen Frage nach dem, was denn nun wirklich wirklich ist.

Auch deshalb kann man *Das Netz* als Prolegomenon zu den gerade aktuell in der Philosophie und Kunst auftauchenden Strömungen um einen neuen oder spekulativen Realismus ansehen. Dammbeck gelingt es nämlich, einen mit einem Gespinst von aufgezogenen Geschichtsfäden zurückzulassen, ohne dass er die Fäden am Anfang oder an ihrem Ende zusammenführt, so als wollte er sagen: Es gibt schon Sinn, aber einen allen gemeinsamen Zugang dazu gibt es nicht. Besser kann man einem die Wirklichkeit von Subjektivität nicht vor Augen führen.

Am 1. Januar 2014 hat einer der Protagonisten von Dammbecks Film, David Gelernter, im amerikanischen Magazin *Commentary* die Verteidigung der Subjektivität als real zum Zentrum eines fulminanten Essays mit dem Titel *The Closing of the Scientific Mind* gemacht. Unser Denken, unser Bewusstsein und unsere Empfindungen sind genauso real wie die objektive physikalische Welt, schreibt

Gelernter. Das soll heißen, dass das Denken nicht nur aus Elementarteilchen und deren Wechselwirkungen besteht oder auf diese reduzierbar wäre, sondern etwas anderes ist, das neben diesen Teilchen steht. Oder anders gesagt: Die Gedanken über die Tatsachen bestehen mit demselben Recht wie die Tatsachen, über die wir nachdenken.

Woraus eine Gleichstellung von Denken, Bewusstsein oder Geist und Materie folgt, die, wenn man sie öffentlich zu begründen versucht, einen intellektuellen Schlägertrupp mobilisiert, dessen Methoden nichts Gutes über den Stand der Zivilisation ahnen lassen.

Gelernters Essay ist eine Antwort auf die amerikanischen »Kritiker« von Thomas Nagels *Mind and Cosmos*, das im Herbst 2013 auf Deutsch erschienen ist.[1] »Kritiker« muss man in Anführungszeichen setzen, weil es sich bei den Angriffen auf Nagel um weitgehend argumentfreie Polemiken handelt, die keine Gürtellinie kennen. Gelernter bezeichnet sie deshalb als »lynch mob«. Was aber nichts daran ändert, dass das Establishment des physikalisch-neodarwinistischen Reduktionismus der amerikanischen Wissenschaften fast vollständig angetreten war, um seine Häme über Nagel auszuschütten. Nennen muss man exemplarisch nur den Linguisten Steven Pinker und den Philosophen Daniel Dennett, die immer zur Stelle sind, wenn es gilt, aus ein paar Molekülen oder Genen die ganze Geschichte der Welt zu erklären. Das sind aber keine neuen Phänomene, in den Vereinigten Staaten sind sie lang erprobt.

Markus Gabriel hat in einem Vortrag die Gewohnheit, aus wenigen Partikeln ganz viele Erklärungen abzuleiten, einmal so beschrieben: Der Philosoph Willard Van Orman Quine werde Ihnen sagen, wenn Sie ihn fragen, was wirklich sei, dass es nur Elementarteilchen gebe und darüber nichts. Wenn Sie ihm darauf erwidern, dass es doch aber ihn, Herrn Willard Quine gebe, werde sich Quine wahrscheinlich im Glanz seiner Harvard-Professor-Macht abwenden und nicht mit Ihnen reden. Gabriel hat damit ein Element angesprochen, das alle Vertreter der neuen Realismen mehr oder weniger ausgesprochen in ihrem Denken berücksichtigen, dass es nämlich auch in den philosophischen Diskursen Machtstrukturen gibt, die nicht der Wahrheitsfindung dienen.

Und vielleicht liegt darin auch einer der Schlüssel dafür, dass gerade – und das ist ungewöhnlich genug – in allen Zentren der westlichen Philosophie ähnliche Fragen, die Wirklichkeit betreffend, auftauchen. Wenn man den von Quentin Meillassoux, Graham Harman, Ray Brassier und Iain Hamilton Grant begründeten spekulativen Realismus in Frankreich und Großbritannien verortet, den neuen Realismus von Markus Gabriel und Maurizio Ferraris in Deutschland und Italien und Thomas Nagel für Amerika stehen lässt, ist die alte Spaltung der Philosophie aufgehoben. Die traditionelle Unterscheidung zwischen einer kontinental-europäischen und einer angelsächsisch-analytischen Philosophie löst sich in der Denkströmung eines neuen Realismus auf.

Möglich wurde diese Entwicklung auch dadurch, dass ihre Vertreter weder aus einer Schule stammen noch eine Schule bilden. Der Alain-Badiou-Schüler Meillassoux hat mit dem Naturphilosophen unter den Realisten, dem in Bristol lehrenden Iain Hamilton Grant, im Ausbildungsweg nichts gemein. Was sie eint, ist ein starkes Interesse an den Naturwissenschaften, verbunden mit dem Willen, die Philosophie trotzdem oder gerade deswegen nicht den Naturwissenschaften unterzuordnen. Man kann die neuen Realismen grob unter einer bestimmten Thematik versammeln: Mit

---

1 Thomas Nagel, *Geist und Kosmos. Warum die materialistische Konzeption der Natur so gut wie sicher falsch ist.* Aus dem Amerikanischen von Karin Wördemann. Berlin: Suhrkamp 2013.

der Abhängigkeit der philosophischen Moderne von den Naturwissenschaften ist die Konstruktion von Materie zum Problem geworden. Es genügt eben nicht, ein Mineral in seine Bestandteile zu zerlegen, um es zu verstehen – es sei denn, das Mineral kann aus ihnen wieder zusammengesetzt werden. Was in der Regel aber nicht funktioniert.

Womit man mittendrin und zurück in Thomas Nagels Problematik ist. »Die großen Fortschritte in den physikalischen und biologischen Wissenschaften wurden durch den Ausschluss des Geistes möglich gemacht«, schreibt er. Wenn Denken und Bewusstsein aber genauso real sind wie die physikalische Materie, kann etwas mit dem reduktionistischen Materialismus der Physiker und Neodarwinisten nicht stimmen. Wenn sie den Geist ausschließen, muss es in ihren Erklärungen Lücken geben. Und nach diesen Erklärungslücken sucht Nagel auf extrem sachlich-höfliche Art und Weise, die sich ganz auf die philosophische Untersuchung der reduktionistischen Materialismen beschränkt.

Man kann es an den Sätzen zeigen, die die unverhältnismäßigen Aggressionen ausgelöst haben. »Die teleologische Hypothese lautet«, schreibt Nagel, »dass [Leben und Bewusstsein] vielleicht nicht allein von wertfreier Chemie und Physik festgelegt werden, sondern außerdem noch von etwas anderem, nämlich einer kosmischen Prädisposition für die Schaffung von Leben, Bewusstsein und Wert, die von ihnen nicht ablösbar ist.« Nagel sucht also nach einer Erklärung, die von einer grundsätzlichen Intelligibilität des Universums ausgeht. Das heißt, dass alle Erscheinungen des Lebendigen von Anfang an die Möglichkeit zu denken begleitet.

Nagel hält es aber für unwahrscheinlich, dass eine derartige Möglichkeit im gegenwärtigen intellektuellen Klima ernst genommen wird. Trotzdem wiederholt er an der Stelle eine frühere Beobachtung. Es gebe, schreibt er, keine Darstellung, nicht einmal eine rein spekulative, die schildere, wie ein System, das so erstaunlich funktional komplex und informationshaltig ist wie eine sich selbst reproduzierende Zelle, die von der DNA, der RNA oder irgendeinem Vorläufer reguliert werde, allein durch chemische Evolution aus einer toten Umwelt hervorgegangen sein könnte.

Nagel fügt die Bemerkung an, dass die Anerkennung dieses Problems sich nicht auf die Verfechter des *intelligent design* – in den Vereinigten Staaten in der Regel fundamentalistische protestantische Sektenangehörige – beschränke. Kompliziert wird die argumentative Auseinandersetzung mit den Anhängern des *intelligent design*, weil es unter ihnen auch Biologen gibt. Oft sind es Molekularbiologen, die sich sehr gut mit den auch von Nagel angesprochenen Erklärungslücken der neodarwinistischen Reduktionisten auskennen. Und dass Nagel den *intelligent designern* zugesteht, durchaus berechtigte Fragen zu stellen, wie eben die nach der Geburt der Zelle, ist für Erzneodarwinisten wie Pinker, Dennett oder auch Richard Dawkins so unerträglich, dass sie Nagel attestieren, seine besten Tage hinter sich zu haben.

Die Frage nach einer lückenlosen Erklärung der Entstehung hochkomplexer Strukturen wie der Zelle oder auch der Augen bleibt aber bestehen. Und sie ist auch weiterhin so brennend, dass zum Beispiel der Spezialist der vergleichenden Augentypenforschung im Tierreich, Michael F. Land, von der Revolution der Augen spricht und nicht von der Evolution derselben. Die Sprünge etwa von lichtempfindlichen Zellen zu so hochauflösenden Organen wie dem Tintenfischauge weisen einfach zu viele Lücken auf, als dass man eine langsam voranschreitende Kette der Entwicklung sachlich am Material belegen könnte.

Oder, wie kürzlich in einem Vortrag ein Ornithologe, der frei von jedem Verdacht religiöser Ambitionen ist, sagte: Für die Darwinfinken auf den Galapagosinseln habe man bis heute keine Schwesternart auf dem südamerikanischen Festland gefunden. Bis jetzt sei also selbst Gott als Schöpfer der Finken noch wahrscheinlicher als irgendeine Art auf dem Festland, von der sie abstammen könnten. Das war in diesem Fall zwar als Witz gemeint und wurde auch so verstanden. Der Witz verweist aber dennoch auf eine Lücke in der darwinistischen Erklärungsmaschine. Und da Nagel von einer streng atheistischen Position aus argumentiert, die Gott keinen Einfallswinkel in seine Theorie offenlässt, ist die Gefahr auch äußerst gering, dass man durch die Lektüre in einen religiösen Wahn verfällt. Es kommt dazu, dass Nagel mit seinen Fragen weniger allein ist, als seine amerikanischen Kritiker meinen.

Mit Iain Hamilton Grants Essay *Schleim und Sein* geht es um genau dasselbe Problem: Wie sind Denken und Bewusstsein in die Welt und zum Leben gekommen?[2] Grant ist hierzulande der unbekannteste unter den Gründungsmitgliedern des spekulativen Realismus, was wahrscheinlich damit zusammenhängt, dass er sich hervorragend mit dem deutschen Idealismus und den Naturphilosophen des 19. Jahrhunderts auskennt. Er ist so etwas wie der Aktivist der neuen spekulativen Naturphilosophie. Grant ist ein glänzender Performer seiner Philosophie, der eine Stunde ohne auch nur eine Notiz reden kann, ohne den Faden und seinen Witz zu verlieren. Zudem ist er ein leidenschaftlicher Diskutierer, was ihn mit Markus Gabriel verbindet. Beide blühen in Diskussionen so sehr auf, dass man an die romantische Vision von der ewigen Diskussion zu glauben beginnt.

Die Diskussionslust bestimmt auch ihren Gestus des Philosophierens. Sie schreiben und reden immer in Bezug auf eine andere philosophische Position, die sie in einen Streit ziehen wollen. Das ist nicht nur angenehm, weil es so selten ist. Es ist auch so angenehm, weil es einen lebendigen antiautoritären Zug hat, der noch im letzten Stein oder Baum eine Intelligibilität vermutet, von der man bis jetzt nicht sagen kann, dass Steine oder Bäume sie nicht haben.

Das unterscheidet Grant und Gabriel extrem von Thomas Nagel, der seit Jahren keine Vorträge mehr hält, und Quentin Meillassoux, den Debatten nicht interessieren. Die Heterogenität in Stil, Denken und Schreiben der Protagonisten gehört mit Sicherheit zu den attraktivsten Zügen des neuen Realismus. Habitusprofessoren in Anzügen, wie sie noch immer das Bild der Universitäten prägen, wird man unter ihnen nicht finden.

Dafür aber Sätze wie folgenden von Grant. »Wenn die Mathematik in logischer Hinsicht der Ausdruck des Ganzen im Individuellen ist; und wenn in theogonischer Hinsicht ›Gott = + 0 -‹ allen Dingen vorausgeht, dann ist in modaler Hinsicht nur das Nichts notwendig.« In diesem Satz fasst Grant in knapper Form die Essenz von Lorenz Okens zu Beginn des 19. Jahrhunderts entwickelter Metaphysik der Natur zusammen. Oken, der auch ein großer Naturforscher war, entwirft in seiner Naturphilosophie eine Entstehung der Mineralien, Lebewesen und des Denkens aus dem Nichts in einer einzigen Bewegung. Einer Bewegung, die am Ende keiner linearen Zeitlichkeit mehr folgt, sondern sich aus einer komplexen Mathematik der Null ergibt, die keine Zahlenmystik ist, sondern auf der Höhe der Wissenschaft der Zeit. Die aber auch mit Witz agiert.

In der Biologie zum Beispiel ist die Null nicht nur eine Zahl, sondern auch Schleim. Und aus dem Schleim geht das Leben hervor, in dem es sich zu unendlich vielen Einzeldingen beziehungsweise Lebewesen als Singularitäten formen kann. Das heißt, das Leben quillt nicht aus dem Schleim heraus, es ist die Wiederholung

[2] Iain Hamilton Grant, *Schleim und Sein. Die Mathematik des Protoplasmas in Lorenz Okens ›Natur-Philosophie‹*. In: Armen Avanessian / Björn Quiring (Hrsg.), *Abyssus Intellectualis. Spekulativer Horror.* Berlin: Merve 2013. Vgl. auch Armen Avanessian (Hrsg.), *Realismus Jetzt.* Berlin: Merve 2013.

des Schleims in anderer Gestalt. Zudem hat die Null zwei Seiten: eine intensive oder ideale und eine extensive oder reale. Es besteht für Oken zwischen den beiden aber kein wesentlicher Unterschied: »Reales und Ideales sind nicht mehr voneinander verschieden als es Eis und Wasser sind. Beide sind bekanntlich wesentlich einerley.« Für Grant zeigt sich hier die Ähnlichkeit zwischen Okens Konzeption der Null und Schellings Neufassung des Identitätsprinzips. Beide vereine die These, dass die Identität der Grund der Unterscheidung ist. Oder mit anderen Worten: Idealität und Realität sind nur zu trennen, weil sie zum selben Akt gehören. Was sich bei Grant nur als in unsere Zeit transformierte Spekulation über Okens Naturphilosophie ausgibt, liefert nicht weniger als eine Spekulation über die Entstehung von Nagels intelligiblem Kosmos.

Auf einem Symposium Anfang 2014 im Fridericianum in Kassel anlässlich der Ausstellung *Speculations on Anonymous Materials* führt Grant den Gedanken folgendermaßen aus: Wenn alles, was ist, materiell ist, dann beinhaltet das Verstehen von Materie die Analyse all dessen, was ist. Im Gegenzug reicht aber die zusammensetzende Synthese dieser oder jener Einzelheit nicht aus. Die Konstruktion des Universums ist erforderlich, ganz so, wie Nagel es auch will. »Ein solches Universum ist prinzipiell offen für Denken, Erfahrung und Manipulation, auch wenn die Konstruktion von Materie, die mit der Erfahrung einhergeht, sich parasitisch zu einem materiellen Universum verhält, in dem diese Konstruktion sich vollzieht«, wie Grant im Abstract zu seinem Vortrag formulierte. Das heißt, die Materie ist nichts anderes als das für Denken, Erfahrung und Manipulation offene Universum, das sich aus ihr zusammensetzt.

Der ontolgische Preis, der für diese Sicht entrichtet werden muss, sei allerdings hoch, meint Grant. Das Universum, zu dem sich die Konstruktion von Materie parasitisch verhält, ist zugleich materiell und nichtmateriell.

Grant, der seinen Denkweg mit postmodernen Philosophen wie Baudrillard und Lyotard begann, die er ins Englische übersetzt hat, entwirft damit nicht weniger als die Grundzüge einer materialistischen Ontologie, die mit dem Ideellen buchstäblich rechnet. Die Materie oder die Natur liefert mit ihren schleimigen neuronalen Akkumulationen des ursprünglichen Zero die Möglichkeit mit, Metaphysik zu betreiben. Was vielleicht auch zumindest in Ansätzen verständlich macht, warum die neuen wie die spekulativen Realismen Metaphysik und Ontologie rehabilitieren wollen und betreiben. Und natürlich, um zurück zum Anfang zu kommen, kann nach dieser Konzeption das Gehirn weder ein Computer noch nur konstruiert sein. Denn nach dieser Ontologie existieren die mentalen Phänomene, die sich nicht in den physikalischen Phänomen finden lassen, von Anfang an mit ihnen zusammen.

Vom Unbekannten des Krieges

Von Thomas Speckmann

Ist nicht schon längst alles gesagt, geschrieben und besprochen? Füllen die Literatur über den Ersten Weltkrieg und ihre Rezensionen nicht bereits Bibliotheken und Verlagsarchive? Was soll hundert Jahre nach Kriegsbeginn noch Neues von den Fronten im Westen, Osten, Norden und Süden zu berichten sein?

Wer einen Blick in die Flut aktueller Neuerscheinungen wirft, der findet zum einen die Wiederholung von allseits bekannten Einordnungen, Bewertungen und Charakterisierungen. Da wird erneut der tiefe Einschnitt betont, den der Erste Weltkrieg in der Geschichte Europas markierte. Da werden wieder der Stellungskrieg, die Materialschlachten, die Kämpfe in den Schützengräben, der industrialisierte Krieg mit seinen Auswirkungen auf Front wie Heimat, auf Soldaten wie Zivilisten lebendig gemacht. Da werden von neuem der Zusammenbruch von Monarchien, die Auflösung von Staaten und neue Grenzziehungen zwischen den Völkern beschrieben. Da werden noch einmal die globalen Machtverschiebungen durch den Krieg hervorgehoben: Die geopolitische Position der alten europäischen Mächte Großbritannien, Frankreich und Deutschland verschlechterte sich zugunsten der Vereinigten Staaten, die zur Weltmacht aufzusteigen begannen.

Und obwohl all dies von unzähligen Historikern, nicht zuletzt aus den damals kriegführenden Nationen, in einer nicht mehr zu überblickenden Fülle an Werken beleuchtet worden ist, lohnt sich die Lektüre mancher Neuerscheinung – gerade für den deutschen Leser. Denn anders als in Frankreich und Großbritannien spielt der Erste Weltkrieg im kollektiven Gedächtnis der Deutschen spätestens seit dem Zweiten Weltkrieg eine untergeordnete Rolle. Umso mehr reduziert sich seine Wahrnehmung auf einige wenige Facetten – vor allem auf das Massensterben an der Westfront, nicht zuletzt gespiegelt in Ernst Jüngers *Stahlgewittern* und dann Jahrzehnte später medial wirksam erinnert und als Mahnung für den europäischen Einigungsprozess verstanden von Helmut Kohl und François Mitterrand 1984 in Verdun. Daher ist der größte Reiz einiger nun erschienener Titel, zahlreiche weitere Charakteristika dieses ersten wirklich globalen Krieges in Erinnerung zu rufen oder neu zu beschreiben.

Bereits vor der Bücherflut im Vorfeld des hundertsten Jahrestags des Kriegsbeginns sorgte Christopher Clark für Aufsehen. Seine Studie *Die Schlafwandler* wurde nicht nur von manchen Rezensenten zum Buch des Jahres 2013 erklärt.[1] Sie beherrschte auch den wissenschaftlichen Diskurs der Weltkriegsexperten. Gestritten wurde erneut im Andenken Fritz Fischers: Auf wem lastet die Hauptverantwortung für den Ausbruch des Krieges? Auf Deutschland? Das war seit der Fischer-Kontroverse weitgehend Konsens. Nun schrieb Clark von einem »vereinten Amoklauf Europas«. Die Debatte begann erneut. Was durch ihren Fokus auf die Kriegsschuldfrage jedoch beinahe vollkommen unterging, war Clarks Brückenschlag in die Gegenwart: Indem er den Weg in den Ersten Weltkrieg und seine komplexe Vorgeschichte analysiert und die Komplexität der Krise von 1914 zum Teil auf Verhaltensmuster zurückführt, die er noch heute auf der politischen Bühne beobachtet, hat Clarks Bestseller eine Relevanz, die weit über seinen historischen Gegenstand hinausgeht.

Der australische Historiker arbeitete in Cambridge an seinem Werk, als die Euro-Krise auf dem Höhepunkt war – in seinen Augen ebenfalls ein Ereignis von »atemberaubender« Komplexität. Bemerkenswerterweise seien sich die Akteure in dieser Krise, genau wie jene von 1914, der Tatsache bewusst gewesen, dass ein Ausgang im Bereich des Möglichen lag, der katastrophale Folgen haben würde – das Scheitern des Euro. Alle wichtigen Protagonisten hätten gehofft, dass es nicht so weit komme, aber neben diesem gemeinsamen Interesse hätten sie auch besondere – und widersprüchliche – eigene Interessen gehabt. In Anbetracht der Wechselwirkungen im ganzen System hingen die Konsequenzen jeder

---

1 Christopher Clark, *Die Schlafwandler. Wie Europa in den Ersten Weltkrieg zog*. München: DVA 2013.

Maßnahme von den Reaktionen anderer ab, die sich wegen undurchsichtiger Entscheidungsprozesse kaum im Voraus berechnen ließen. Und die ganze Zeit über versuchten die politischen Akteure während der Euro-Krise die Möglichkeit einer allgemeinen Katastrophe zu nutzen, um sich bestimmte Vorteile zu verschaffen.

Vor diesem Hintergrund bezeichnet Clark die Akteure von 1914 als »unsere Zeitgenossen«, wobei er allerdings realistischerweise die Unterschiede für ebenso bedeutend hält wie die Gemeinsamkeiten. So erkennt er zumindest bei den Ministern, deren Aufgabe die Lösung der Euro-Krise ist, im Großen und Ganzen Einigkeit darüber, worin überhaupt das Problem besteht – im Jahr 1914 hingegen habe eine tiefe Kluft zwischen den ethnischen und politischen Perspektiven der Beteiligten einen Konsens verhindert und das Vertrauen beschädigt. Von derart mächtigen supranationalen Institutionen, die heute einen Rahmen für die Verteilung von Aufgaben, die Schlichtung von Konflikten und die Suche nach Lösungswegen bieten, konnte man nach Clarks treffendem Urteil damals »noch nicht einmal träumen«.

Darüber hinaus sei die Vielschichtigkeit der Krise von 1914 nicht auf die Delegierung von Befugnissen und Zuständigkeiten auf ein einziges politisch-finanzielles Gerüst zurückzuführen gewesen, sondern auf die rasch aufeinanderfolgenden Interaktionen schwerbewaffneter, autonomer Machtzentren, die sich unterschiedlichen und schnell wechselnden Bedrohungen stellen mussten und unter hohem Risiko, mit geringem Vertrauen und wenig Transparenz operierten. Das wiederum machte nach Clarks Analyse das internationale System erheblich undurchsichtiger und unberechenbarer: Eine alles durchdringende Stimmung des gegenseitigen Misstrauens entstand, selbst unter Bündnispartnern – eine Entwicklung, die den Frieden zunehmend gefährdete. Insofern ist für Clark die Krise, die 1914 zum Krieg führte und die er als multipolar und »wahrhaft interaktiv« beschreibt, die Frucht einer gemeinsamen politischen Kultur.

Will man Clarks Befund noch einmal mit den Untersuchungen eines der ausgewiesensten deutschen Kenner der Weltkriegsgeschichte abgleichen, dann ist Gerd Krumeichs aktueller Blick auf den Juli 1914 eine sinnvolle Ergänzung.[2] Denn er sieht die damaligen Politiker nur bedingt als Schlafwandler, die nicht erkannten, auf welchem Vulkan sie tanzten. Seine Folgerung aus den Akten und den darin nachvollziehbaren Handlungen und Unterlassungen: Das Deutsche Reich und Österreich-Ungarn ließen sich auf ein Vabanquespiel ein, das das Risiko eines Großen Krieges nicht scheute, um die Balance in der europäischen Politik zu ihren Gunsten zu wenden. Das Attentat von Sarajewo wurde entschlossen benutzt, um Österreich-Ungarn vom Druck Serbiens zu befreien und um herauszufinden, ob und wie weit Russland kriegswillig und kriegsbereit war. Unisono sei man in der Führung des Deutschen Reiches und Österreich-Ungarns der Auffassung gewesen, dass die seit längerem als bedrohlich empfundene »russische Gefahr« inzwischen so drückend geworden war, dass ein solcher Test notwendig wurde, um die Position Deutschlands und der Donaumonarchie im europäischen »Konzert« der Mächte zu behaupten.

Als zeittypisch bezeichnet Krumeich die Obsessionen darwinistischer Provenienz, dass das wachsende russische Reich mit seinen ökonomischen und militärischen Potentialitäten über kurz oder lang ein unkalkulierbarer Faktor werden könnte. Die Furcht vor einer möglichen Aggression Russlands zusammen mit seinem Verbündeten Frankreich sorgte dafür, dass weite Teile der wilhelminischen Führung es »besser jetzt als später« zum Krieg kommen lassen

2 Gerd Krumeich, *Juli 1914. Eine Bilanz*. Paderborn: Schöningh 2013.

wollten, wenn dieser ohnehin bevorstehe. Es sei dieses fatalistische Denken gewesen, das die »Mittelmächte« zutiefst beherrschte, und mit dem »Sprung ins Dunkle« – so Reichskanzler Bethmann Hollweg in der Julikrise – habe man geglaubt, den Weg an ein rettendes Ufer doch noch finden zu können. Nicht Weltmachtambition oder Kalkül imperialer Vorherrschaft waren nach Krumeich also die Triebkräfte für die Entscheidungen des Juli 1914, sondern eine ausgeprägte Zukunftsangst.

Um derlei Phobien und das ihnen zugrunde liegende gesellschaftliche Klima trotz des großen Zeitabstands von einem Jahrhundert nachvollziehen zu können, ist die Betrachtung der kulturgeschichtlichen Aspekte des Ersten Weltkriegs essentiell. Ihnen widmet der Potsdamer Historiker Ernst Piper eine umfangreiche Studie, die ein Panorama der damaligen Zeit mit ihrer auch geistigen Mobilmachung der Nationen zeichnet.[3] So war es der Militarismus, der im preußisch geprägten Deutschen Reich eine besondere Ausformung gefunden hatte. Die Mischung aus Säbelrasseln und Bramarbasieren, Großmannssucht und Untertanengeist wurde von vielen Zeitgenossen als typisch preußisch-deutsch empfunden. Die Kombination aus romantischer Kriegsphilosophie, sozialdarwinistisch-pseudowissenschaftlicher Grundierung und einem virulenten Nationalismus gab dem Militarismus im Deutschen Reich, das aus Kriegen hervorgegangen war, aber selbst noch keinen Krieg geführt hatte, nach Pipers Beobachtung eine ganz besondere Wirkungsmacht.

Doch auch er weist – ähnlich wie Clark – darauf hin, dass bei alledem nicht übersehen werden sollte, dass das Jahrzehnt vor dem Kriegsausbruch nicht nur in Deutschland eine Zeit des Bellizismus war. Auch in anderen Staaten hätten Männer regiert, die jede Kompromissbereitschaft ablehnten und diplomatisches Geschick oder geistige Beweglichkeit als Zeichen von Schwäche abtaten. So sei die Welt auf einen Krieg zugetrieben, den so, wie er sich dann entfaltete, keiner gewollt habe. Aber es habe auch kein Staatsmann den Weitblick und den Mut gehabt, sich dieser Entwicklung in den Weg zu stellen.

Dabei erinnert Piper an ein historisches Umfeld, das in der heutigen Erinnerung beinahe gänzlich verblasst ist. Detailliert führt er vor Augen, wie sehr bereits die ersten Jahre des 20. Jahrhunderts von kriegerischen Auseinandersetzungen geprägt waren: Der Russisch-Japanische Krieg von 1904/05, in dem das Zarenreich eine überraschende Niederlage hatte hinnehmen müssen, hatte die Entwicklung einer neuen Generation von Großkampfschiffen angeregt. In den Kolonialkriegen in Deutsch-Südafrika kam es nach 1904 zu den ersten genozidalen Aktionen des 20. Jahrhunderts, wobei das Volk der Herero nahezu ausgerottet wurde.

In den Balkankriegen 1912/13 verlor dann das Osmanische Reich den Großteil seiner Territorien in Europa. Und schließlich erwies sich insbesondere die zweite Marokko-Krise von 1911 als Präludium des Ersten Weltkriegs. Das Abkommen vom 4. November, in dem Deutschland seine Ansprüche in Marokko zugunsten Frankreichs aufgeben musste, nachdem Paris seine Interessen mit Unterstützung Großbritanniens schon in der ersten Marokko-Krise 1905/06 gegen Berlin durchgesetzt hatte, versetzte die Gemüter der Alldeutschen und der Imperialisten in Wallung, die ohnehin argwöhnten, ihr Land sei beim »Wettlauf um Afrika« unzumutbar ins Hintertreffen geraten und lasse sich von den anderen Kolonialmächten immer wieder übervorteilen.

Vor diesem Hintergrund scheint im kollektiven Gedächtnis nicht nur der Deutschen bis heute die Vorstellung von einer allgemeinen, umfassenden Kriegsbegeisterung im August 1914 fest veran-

3 Ernst Piper, *Nacht über Europa. Kulturgeschichte des Ersten Weltkriegs*. Berlin: Propyläen 2013.

kert. Zwar haben viele Historiker festgestellt, dass es sich dabei um Ikonen der Erinnerung oder »Kultbilder« handelt, die die wahre Stimmung der Menschen bei Kriegsbeginn eher verschleiern als offenlegen. Dennoch bleibt das »Augusterlebnis« in der Rückschau weiterhin lebendig. Wer dies gründlich hinterfragen möchte, der greife zu Gerhard Hirschfelds und Gerd Krumeichs Betrachtung, die sich auf die Lage während des Krieges in Deutschland konzentriert.[4]

Zweifellos habe es einen Kriegsenthusiasmus im Sommer 1914 gegeben, allerdings zu verschiedenen Zeiten und an unterschiedlichen Orten. Zugleich aber stießen die von den Sozialdemokraten organisierten Protestaktionen gegen den drohenden Krieg und den »verbrecherischen Imperialismus« auf breiten Zuspruch. So fanden nach SPD-Angaben Ende Juli 1914 insgesamt 288 Versammlungen und Aufmärsche in rund 160 Städten statt, an denen sich mehr als eine Dreiviertelmillion Menschen beteiligt hätten. Zu diesem Zeitpunkt schien es daher kaum möglich, die Bevölkerung für einen gemeinsamen Krieg mit Österreich gegen Serbien zu gewinnen. Zwar änderte sich die Stimmung am 29. Juli durch die Nachricht von einer russischen Teilmobilmachung entlang der österreichisch-ungarischen Grenze und dann durch Russlands Generalmobilmachung am 31. Juli. Patriotische Umzüge, spontanes Singen von vaterländischen Liedern, vor allem in den zu dieser Jahreszeit stark besuchten Biergärten und Straßencafés, sowie Huldigungsadressen an Wilhelm II. waren die Folge.

Gleichwohl legen nach Hirschfelds und Krumeichs Untersuchungen Zeitungsreportagen von diesen »Jubelfeiern« den Schluss nahe, dass an ihnen nur eine Minderheit der Bevölkerung aus bürgerlichen Schichten teilnahm – eine Einschätzung, die sich auch auf zahlreiche Berichte aus kleineren Städten und ländlichen Gemeinden stützt, wo die Stimmung als zumeist gedrückt und eher nachdenklich beschrieben wurde.

Und auch die Zahl der Kriegsfreiwilligen war, insgesamt betrachtet, deutlich niedriger, als es die damaligen Zeitungsberichte vermuten lassen. Hirschfeld und Krumeich stellen klar: Es meldeten sich Männer im nichtwehrpflichtigen Alter von unter 18 oder über 45 Jahren und zum Teil auch jene, die bei Kriegsbeginn noch keinen Gestellungsbefehl erhalten hatten. Hingegen folgte die übergroße Mehrheit der über 13 Millionen deutschen Soldaten, die zwischen 1914 und 1918 ihren Kriegsdienst leisteten, schlicht ihrer Einberufung.

Scheinen hier bis heute die Bilder in den Köpfen zu trügen, so stellt sich die Frage nach den wirklichen Bildern des Krieges. Mit Anton Holzer hat sich ein großer Kenner auf diesem Spezialgebiet historischer Forschung auf die Suche gemacht.[5] Der Herausgeber der Zeitschrift *Fotogeschichte* ist dabei auf den Spuren von Karl Kraus unterwegs, der 1922 sein Antikriegsdrama *Die letzten Tage der Menschheit* in Buchform veröffentlicht hatte. Kraus war nicht nur ein passionierter Zeitungsleser, sondern auch – weit weniger bekannt – ein leidenschaftlicher Bildersammler, der Ansichtskarten, Fotografien, Plakate und vor allem Zeitungsbilder zusammentrug, die ihn beim Schreiben inspirierten. Auf ihnen beruhen viele Szenen von *Die letzten Tage der Menschheit*. Für Holzer ist dieses Drama, dessen Titel zur Chiffre für die Kriegsjahre 1914 bis 1918 wurde, auch ein Bilderbuch des Ersten Weltkriegs. Daher stellt er nun Passagen aus diesem Stück zeitgenössischen Zeitungsbildern und Propagandafotos des Krieges gegenüber. Das Ergebnis: Das Drama wirkt nun noch eindringlicher. Es erhält dokumentarhafte Züge.

---

4 Gerhard Hirschfeld / Gerd Krumeich, *Deutschland im Ersten Weltkrieg*. Frankfurt: Fischer 2013.

5 Anton Holzer (Hrsg.), *Die letzten Tage der Menschheit. Der Erste Weltkrieg in Bildern*. Mit Texten von Karl Kraus. Darmstadt: Primus 2013.

Bietet Holzer einen Erkenntnisgewinn beim parallelen Lesen der Texte und Betrachten der Bilder, den auf diese besondere Weise derzeit kein anderes Werk zum Ersten Weltkrieg geben kann, so schafft Oliver Janz eine Horizonterweiterung im wahrsten Sinne des Wortes: Immer noch wird der Erste Weltkrieg von den Europäern vor allem mit Blick auf ihren eigenen Kontinent erinnert – und dies, obwohl die gängigen Bilder von Schützengrabenkämpfen zwischen Deutschen und Franzosen an der Westfront der komplexen Wirklichkeit des globalen Kriegsgeschehens nicht im Geringsten gerecht werden.

Janz dagegen schildert nicht nur, wie Frankreich und Großbritannien die Ressourcen ihrer kolonialen Imperien, die ein Viertel der damaligen Weltbevölkerung ausmachten, ökonomisch wie militärisch mobilisierten. Der Berliner Historiker führt darüber hinaus die kaum erinnerten Dimensionen dieser Mobilisierung vor Augen.[6] So rekrutierte Frankreich 550 000 Mann in seinen Kolonien, von denen vier Fünftel in Europa eingesetzt wurden. Aus Indien stammten sogar 1,3 Millionen Soldaten, von denen 800 000 außerhalb des Subkontinents dienten. Weitere große Teile der britischen Truppen, die in Europa kämpften, hatten ihre Heimat in Australien, Neuseeland, Südafrika und Kanada. Sie stellten 1,2 Millionen Soldaten, von denen 900 000 in Europa zum Einsatz kamen. Die russische Armee, die insgesamt 15 Millionen Mann mobilisierte, war ebenfalls nicht allein europäisch geprägt, sondern rekrutierte sich auch aus der asiatischen Bevölkerung des Zarenreichs. Und nicht zuletzt setzten Briten und Franzosen in größerem Stil Arbeitskräfte aus ihren Kolonien und aus China in Europa ein.

Im Schatten des europäischen Gedenkens an die Kämpfe im Westen stehen bis heute auch die anderen Kriegsschauplätze in Europa. Wer sie wenigstens einmal mental überfliegen möchte, den nimmt Adam Hochschild mit auf eine eindrucksvolle Erinnerungsreise.[7] Der amerikanische Autor und Journalist berichtet von russischen Verlusten an der Ostfront, die an den Zweiten Weltkrieg erinnern. Ganze Armeen wurden von den Deutschen vernichtet. Allein 1915 verlor Russland innerhalb von sechs Monaten 1,4 Millionen Soldaten – mehr als 7500 täglich. Im August machten deutsche Truppen bei der Einnahme einer Festung an einem einzigen Tag 90 000 russische Gefangene, unter ihnen dreißig Generäle. Ende des Jahres hatte Russland weit über drei Millionen heimatlose Flüchtlinge. 1916 sollte sich ihre Zahl sogar noch verdoppeln. Auch der in der Erinnerung an den Zweiten Weltkrieg großen Raum einnehmende Luftkrieg gegen die Zivilbevölkerung hatte einen Vorläufer im Ersten Weltkrieg. Bis 1918 kosteten die Angriffe deutscher Luftschiffe und Flugzeuge auf England rund 1400 Menschen das Leben.

Und wer außer Marineexperten verbindet heute noch mit dem Ersten Weltkrieg globale militärische Auseinandersetzungen zur See? Sie sind – bis auf die Skagerrak-Schlacht 1916 vielleicht – kaum im kollektiven Gedächtnis verhaftet. Umso mehr sollte Nicolas Wolz weit über Forscherkreise hinaus Aufmerksamkeit finden. Er liefert die erste moderne Gesamtdarstellung des Seekriegs der Kaiserlichen Marine gegen die Royal Navy, die neben den militärischen und politischen Aspekten auch Soziales, Alltags- und Mentalitätsgeschichte berücksichtigt.[8] Dadurch macht der Frankfurter Historiker umso klarer erkennbar,

---

6 Oliver Janz, *14 – Der große Krieg*. Frankfurt: Campus 2013.

7 Adam Hochschild, *Der Große Krieg. Der Untergang des Alten Europa im Ersten Weltkrieg*. Stuttgart: Klett-Cotta 2013.

8 Nicolas Wolz, *»Und wir verrosten im Hafen«. Deutschland, Großbritannien und der Krieg zur See 1914-1918*. München: dtv 2013.

wie sehr auf beiden Seiten der Nordsee die unscheinbare Rolle der Flotten im Krieg in grellstem Gegensatz zu der politischen, militärischen und auch gesellschaftlichen Bedeutung stand, die ihnen vor dem Krieg beigemessen worden war. Dabei war es nicht nur die mit großen Hoffnungen erbaute Marine des Kaiserreichs, die die in sie gesetzten Erwartungen nicht erfüllte – kaltgestellt durch die britische Fernblockade lag sie bis auf wenige Kampfeinsätze praktisch nutzlos in Wilhelmshaven und Kiel.

Selbst die letztendlich siegreiche Royal Navy befand sich in einer schwierigen Lage. Von ihr, die seit Nelsons Triumph über Napoleon bei Trafalgar 1805 unangefochten die Weltmeere beherrschte, hatte man in Großbritannien erwartet, dass sie ihre deutschen Herausforderer innerhalb kürzester Zeit zum Kampf stellen und vernichten würde. Stattdessen hielt sie – abgesehen von einigen direkten Schlagabtauschen – ihren Gegner lediglich aus sicherer Entfernung in Schach: eine zwar effektive, der eigenen ruhmreichen Tradition aber scheinbar vollkommen unangemessene Vorgehensweise. Für die britischen Seeleute, die sich wie ihre deutschen Kontrahenten damit arrangieren mussten, beinahe wie in Friedenszeiten Dienst zu tun, war es nach Wolz' Darstellung eine mehr als bittere Erfahrung, nur Nebendarsteller in einem Krieg zu sein, welcher der Royal Navy eigentlich ein zweites Trafalgar hätte bringen sollen.

Waren die Marinestreitkräfte nicht nur in ihrer eigenen Wahrnehmung wenigstens noch als Stolz ihrer Nationen in den Krieg gezogen, so nahm von den Deutschen, die ab 1914 in Zentralasien und am Hindukusch operierten, die Heimatfront beinahe überhaupt keine Notiz. Das jedoch war in diesem Fall von Berlin beabsichtigt. Daher erzählt Rudolf A. Mark ein bis heute kaum bekanntes Kapitel des Ersten Weltkrieges, das eines näheren Blickes umso mehr lohnt.[9] Mark schildert, wie das Deutsche Reich mithilfe des verbündeten Osmanischen Reichs versuchte, die islamischen Untertanen der Kriegsgegner Russland und Großbritannien zum Dschihad als antikolonialer Erhebung aufzustacheln. Dazu drang eine deutsche Geheimmission bis ins damals unter britischem Einfluss stehende Afghanistan vor.

Auch Zehntausende in Russisch-Turkestan festgehaltene österreichisch-ungarische und deutsche Kriegsgefangene waren Teil der Aufstandsplanungen. Und selbst noch nach der Oktoberrevolution versuchten deutsche Politiker und Militärs, die nach Autonomie und Unabhängigkeit strebenden Muslime zwischen Wolga und Hindukusch zur machtpolitischen Eindämmung Russlands und dann zum weltwirtschaftlichen Wiederaufstieg Deutschlands nach Kriegsende zu instrumentalisieren – strategische Pläne, die allerdings sämtlich scheiterten, zu lang waren die Kommunikationslinien, zu gering die eingesetzten Mittel, zu ungenügend die Kenntnisse von Raum, Bevölkerungsverhältnissen und möglichen Herausforderungen vor Ort.

Wer sich fragt, ob der Erste Weltkrieg jenseits des Jahrestages und der allgemeinen Mahnung zum Frieden in Europa mit der Gegenwart überhaupt viel zu tun hat, der wird bei Herfried Münkler fündig.[10] Er gibt zwar zu bedenken, dass sich Geschichte nicht wiederholt, zumindest nicht in exakt der Form, in der sie schon einmal stattgefunden hat. Die Konstellationen aber, die einer Ereignisabfolge zugrunde liegen, seien einander oft ähnlich, und nur deswegen habe die Formel Sinn, man könne und müsse aus der Geschichte lernen. Dies gilt, so Münkler, auch für Ostasien, wo Beobachter davon ausgehen, dass sich China heute in einer ähnlichen Position

9 Rudolf A. Mark, *Krieg an fernen Fronten. Die Deutschen in Zentralasien und am Hindukusch 1914-1924*. Paderborn: Schöningh 2013.

10 Herfried Münkler, *Der Große Krieg. Die Welt 1914-1918*. Berlin: Rowohlt Berlin 2013.

befindet wie das Deutsche Reich vor einem Jahrhundert, während die Konstellationen im Fernen Osten denen auf dem Balkan vor dem Ersten Weltkrieg vergleichbar seien.

Das »Reich der Mitte« durchläuft derzeit auch nach Münklers Wahrnehmung eine Phase rasanter Wirtschaftsentwicklung, strotzt vor Kraft und sucht nach Möglichkeiten, seine ökonomische Stärke in politischen Einfluss umzusetzen – und dies nicht nur in Ostasien, sondern weltweit. Gleichzeitig ist China durch seine Abhängigkeit von Rohstoffimporten verwundbar, zumal es – vorerst – nicht in der Lage scheint, die langen Handelsrouten, die weitgehend über See verlaufen, militärisch zu sichern. Doch eine Gefährdung dieser Routen hätte für Peking dramatische Folgen. Daher versucht China seit mehr als einem Jahrzehnt, sich Einflusszonen in Afrika aufzubauen, um sich langfristig von dort mit Rohstoffen versorgen zu können.

Dieser Prozess findet heute nach Münklers Urteil nicht mehr in den kolonialpolitischen Formen des 19. Jahrhunderts statt, sondern werde sehr viel subtiler gehandhabt. China leistet Entwicklungshilfe in großem Stil, baut Straßen und Kommunikationssysteme. Es entwickelt damit die Infrastruktur von Ländern, die sich seit dem Ende der europäischen Kolonialherrschaft in dieser Hinsicht eher rückentwickelt hatten als vorangekommen waren. Das chinesische Engagement findet vor allem dort statt, wo sich die Amerikaner und die Europäer aus politischen Gründen aus der Wirtschaftshilfe zurückgezogen haben – etwa im Sudan oder in Mosambik.

Die »moralpolitischen Selbstbindungen« des Westens kommen in Münklers Augen den Chinesen zugute, denen als industriellen Spätankömmlingen der Zugang zu den globalen Märkten für strategische Ressourcen nicht leicht gefallen sei. Darin ähnelten sie dem Deutschen Reich im Übergang vom 19. zum 20. Jahrhundert, und wie dieses seien sie in Sorge, bei Konflikten mit der führenden Seemacht, den USA, von der Zufuhr von Rohstoffen abgeschnitten oder mit Blockadedrohungen politisch erpresst werden zu können.

Münkler sieht China durch die Globalisierung der Wirtschaft in einer geostrategisch unkomfortablen Lage. Es baut eine Kriegsflotte, die zum einen die Versorgungswege durch die indonesische Inselwelt und den Indischen Ozean sichern soll, zum anderen jedoch einen Risikofaktor für die in diesen Räumen operierende amerikanische Marine darstellt. Dies kann nach Münklers Prognose auf längere Sicht zu einer chinesisch-amerikanischen Konfrontation führen, die ähnlichen Mustern folgt wie der deutsch-britische Gegensatz zu Beginn des 20. Jahrhunderts.

Dabei macht Münkler auf einen zentralen Punkt aufmerksam. Der deutsch-britische Gegensatz hätte keineswegs zu einem Krieg führen müssen. Er sei vielmehr durch einen peripheren Konflikt »scharf gemacht« worden – und dies könne auch beim chinesisch-amerikanischen Konflikt eintreten, etwa beim Streit um Inseln, die wegen vermuteter Rohstoffe in ihrer Nähe von China wie Japan beansprucht werden, oder bei einer Auseinandersetzung um die Zukunft Taiwans oder bei einer chinesischen Militäraktion gegen einen seiner kleineren Nachbarn. Nationalistische Leidenschaften würden dann möglicherweise zu einer Eskalation führen, gegen die es rationale Kalküle schwer hätten.

Ähnlichkeiten zum »Drehbuch« vom Sommer 1914 beobachtet Münkler schon jetzt. Chinas wirtschaftlicher und politischer Aufstieg löst bei seinen Nachbarn Ängste aus. Sie beginnen, antiimperiale Koalitionen zu bilden, die Pekings Einfluss in der Region begrenzen sollen. Diese Politik der Gegengewichtsbildung sieht Münkler längst nicht mehr auf den traditionellen Rivalen Indien beschränkt. Sie hat inzwischen auch andere wichtige Akteure wie Vietnam und Indonesien erfasst. Dadurch droht wiederum das »Reich der Mitte« im wahrsten Sinne des Wortes in die Mitte genommen und eingekreist zu werden, woran maßgeb-

lich auch die Amerikaner beteiligt sind, die im pazifischen Raum an der Bildung einer potentiell antichinesischen Koalition arbeiten. Dem versucht Peking seinerseits zu begegnen, indem es die Beziehungen zu Russland verbessert und seinen Einfluss in Zentralasien steigert. Daraus ergibt sich für China eine Position erhöhter Verantwortung, in der Münkler auch die Vereinigten Staaten sieht. Die Regierung in Washington müsse darauf achten, dass die von ihr beeinflusste Koalitionsbildung bei den Chinesen nicht zu Einkreisungsängsten führe, die sie dazu verleiteten, mit Präventivkriegsideen zu spielen.

Mit diesen epochenübergreifenden Betrachtungen dringt Münkler zum Kern auch des heutigen Problems internationaler Beziehungen vor. Die Vorstellung, man könne aus der Geschichte lernen, zeige hier ihr ambivalentes Gesicht – je nachdem, ob damit strategisches oder systemisches Lernen gemeint sei. Strategisches Lernen hieße in diesem Fall, dass China bestrebt sein müsse, die Fehler zu vermeiden, die Deutschland zu Beginn des 20. Jahrhunderts gemacht hat – allerdings nicht in dem Sinne, dass es den »Griff nach der Weltmacht« überhaupt nicht anstrebe, sondern um ihn geschickter und umsichtiger vorzunehmen. Systemisches Lernen dagegen soll nach Münkler verhindern, dass Konstellationen wie jene vor dem Ersten Weltkrieg überhaupt erst entstehen. Während jedoch jede am Konflikt beteiligte Macht für sich alleine und ohne Austausch mit anderen strategisch lernen könne, sei systemisches Lernen auf Kommunikation und Austausch angewiesen – die Lernergebnisse müssten kommuniziert werden, damit daraus Schlussfolgerungen für die Implementierung von Eskalationsblockaden und Verständigungsmechanismen gezogen werden könnten.

Doch eben hier erkennt Münkler die Gefahr, dass sich systemisches und strategisches Lernen gegenseitig blockieren. Aus keinem Krieg könne in dieser Hinsicht mehr gelernt werden als aus dem Ersten Weltkrieg: »Er ist ein Kompendium für das, was alles falsch gemacht werden kann.« Und dazu ist noch längst nicht alles gesagt, geschrieben und besprochen.

Jahre am Rande der Zeit

Von Thomas Thiemeyer

Die Jahre 1912, 1913, 1926 und 1959 hatte das kollektive Gedächtnis nicht als besonders denkwürdig in Erinnerung. Es sind Jahre, die bislang nicht unter dem Verdacht standen, Epochen voneinander zu trennen. Wenn wir ihnen auf einmal besondere Aufmerksamkeit schenken, dann vor allem, weil ihnen in letzter Zeit Bücher, Ausstellungen oder Tagungen gewidmet worden sind – zum Teil mit großem Erfolg. Es ist ein neuer Jahr-Markt entstanden, der sich nicht mehr an den bekannten kalendarischen Sollbruchstellen und ihren Ereignissen abarbeitet (1789, 1914, 1945, 1968, 1989), sondern das Unscheinbare und Abseitige wählt, um das Niemandsland der Erinnerung urbar zu machen und den »Permafrost der Geschichte« (Ulrich Raulff) aufzutauen.

Jüngstes Beispiel eines solchen Enteisungsvorgangs ist Florian Illies' Bestseller *1913 – Der Sommer des Jahrhunderts*, dessen Klappentext »die Geschichte eines ungeheuren Jahres, das ein ganzes Jahrhundert prägte« verspricht: »Es ist das eine Jahr, in dem unsere Gegenwart begann.« Illies' Panorama insbesondere der Künste und Avantgarden vor dem Ersten Weltkrieg ist nach Monaten gegliedert und fragmentarisch angelegt. Die Episoden reihen sich gefällig erzählt aneinander, ohne eine kausale Beziehung zueinander zu behaupten. Dennoch ist dem Buch eine Teleologie zu eigen, die das Jahr aus dem Wissen um die bevorstehende Katastrophe unter düsteren Vorzeichen deutet: »Und doch wohnt dem gleißenden Anfang das Ahnen des Verfalles inne. Literatur, Kunst und Musik wussten schon 1913, dass die Menschheit ihre Unschuld verloren hatte. Der Erste Weltkrieg führte die Schrecken alles vorher schon Erkannten und Gedachten nur noch aus.«

Offenbar bedarf es der starken These, um 1913 für den Buchmarkt interessant zu machen, und der heranziehende Erste Weltkrieg liefert dem Autor die Drohkulisse, die er braucht, um sein Jahr als Jahrhundertereignis profilieren zu können. Für Illies liegt 1913 nicht am Rande der Geschichte, sondern steht in ihrer Mitte und markiert einen Wendepunkt in der großen Erzählung der Moderne. Damit ist er den Chronisten des Jahrhundertsommers 1914 um ein Jahr voraus, und man darf unterstellen, dass darin ein Gutteil des kommerziellen Kalküls dieses Buches liegt.

Illies ist freilich nicht der Erste, der 1913 als epochalen Bruch entdeckt. Im Jahr 2000 publizierte der Russlandexperte Felix Philipp Ingold seine Studie *Der große Bruch – Russland im Epochenjahr 1913*. Auch ihm galt 1913 als *annus mirabilis* der »neueren Kulturentwicklung Europas«, die unter anderem durch die Revolutionierung der Künste die »Ouvertüre zu einer qualitativ völlig neuen Epoche« darstelle. Und 2007 veröffentlicht der Literaturwissenschaftler Jean-Michel Rabaté *1913 – The Cradle of Modernism*, in dem er die Ursprünge der postmodernen Literatur und Kunst in diesem Jahr sucht.

1913 ist nur das jüngste Beispiel für das Bestreben, bislang wenig beachtete Jahre zu auratisieren, indem man sie zu Zäsuren stilisiert: 2001/2002 zeigte das Literaturhaus Berlin seine Ausstellung *1929 – Ein Jahr im Fokus der Zeit*. Die eingängige These lautete: »1929 ist das letzte Jahr vor 1933«. Ihr Jahr verstanden die Kuratoren als Verdichtungspunkt der Zeit zwischen 1928 und 1932 mit »Schwellencharakter«. Sie suchten nach der Signatur dieses Jahres, die sich an Exponaten, also im Material, zeigen ließen (schließlich ging es um eine Ausstellung).

2008 veröffentlichten die *Berliner Hefte* eine Themenausgabe zum bevorstehenden Jubiläum des Jahres 1959, inspiriert von der These, dass 1959 die deutsche Literatur wieder Weltgeltung erlangt habe und in der Bundesrepublik wie der DDR die Nachkriegszeit zu Ende ging. Auch hier suchte man nach einer Signatur von 1959 und versuchte ihr mit Begriffen und Schlagworten näherzukommen – »Poesie und Auschwitz«, »Literaturkritik und Generationenwechsel«, »Macht und Sprache« oder »Literatur und Arbeit in Ost und West«.

2011 schließlich fand in der Stuttgarter Akademie Schloss Solitude das Symposium *Around 1973. Historicism, Self-Cause, Popular Culture* statt, dessen Organisator im und rund um das Jahr 1973 eine »große atmosphärische Veränderung« auszumachen glaubte und diese in einer »Aufwertung der Populärkultur«, einer »neuen Sensibilität für das Geschichtliche« mit starkem Interesse für die Gegenwart als Übergang zwischen Vergangenheit und Zukunft sowie dem Ende des Nachkriegsbooms begründete.

Epochenzäsuren auf ungewohnte Jahre zu verschieben, verlangt nach guten Argumenten. Wer von »Epochenwende« spricht, so sah es Hans Blumenberg, müsse nachweisen, dass sich etwas unumkehrbar verändert hat. Und Blumenberg hätte sehr daran gezweifelt, dass sich diese Veränderungen auf ein Jahr datieren lassen. Er verstand Epochenschwellen als Konstrukte, die historische Brüche *ex post*, aus der zeitlichen Distanz der *longue durée* festlegen. Die Zeitgenossen überschreiten diese Schwelle, ohne sie wahrzunehmen. »Es gibt keine Zeugen von Epochenumbrüchen. Die Epochenwende ist ein unmerklicher Limes, an kein prägnantes Datum oder Ereignis evident gebunden.« Sie vollziehe sich gleichsam »unter der Oberfläche der Chronologie und der durch sie datierbaren Ereignisse … als bloßer Konvergenzpunkt weit aus der Vergangenheit kommender Einflusslinien«.

Welchen Sinn hat dann die Zuspitzung auf ein Jahr, wenn keine klar datierbare Ereignisgeschichte geschrieben werden soll, sondern man nach »Signaturen« sucht oder langfristige historische Prozesse markieren möchte, die weit über ein einzelnes Jahr hinausgreifen und niemals voraussetzungslos sind? Jenseits des Versuchs, Geschichte zu strukturieren und Epochen abzugrenzen, scheinen mir zwei Gründe dafür plausibel: ein opportunistischer und ein epistemischer.

Opportunistisch benennt die Jahresschau einen zeitlich definierten Referenzrahmen, der mehr oder weniger zufällig ist, aber hervorragend in unsere jubiläumsaffine Zeit passt. Seitdem die europäischen Gesellschaften im 19. Jahrhundert an das historische Jubiläum gewöhnt wurden und neben den staatstragenden Gedenkinszenierungen immer mehr private Jubelfeiern ausrichteten, hat sich das Jubiläum als harte Währung der Aufmerksamkeitsökonomie etabliert. So ist es nur folgerichtig, dass man sich – den Mechanismen der Medien folgend – seine eigenen Ereignisse mit selbstgemachten Jubiläen kreiert.

Ganz so einfach liegen die Dinge freilich nicht, denn neben dem Wunsch nach Aufmerksamkeit wirkt der Blick auf ein Jahr erkenntnisstiftend. Er kann eine Anleitung zu jenem »wilden Denken« sein, das der Ethnologe Claude Lévi-Strauss als nichtrationalen Wissensmodus kennzeichnete. Im Unterschied zu zweckrationalen Wissensordnungen (nicht aber als minderwertige Vorstufe, sondern als alternativen Weg zu anderen Formen der Erkenntnis) erlaubt sich das wilde Denken poetische Freiheiten, arbeitet assoziativ und intuitiv. Es gedeiht am besten da, wo es frei von Chronistenpflichten und Begründungszwängen ist.

Das als Zäsur konzipierte Jahr läuft dieser Epistemik tendenziell zuwider, weil sein Fluchtpunkt (von vornherein) klar ist und es hypothesengeleitet statt explorativ ansetzt. Deshalb sind die ehemals unauffälligen Jahre, die als Epochenzäsuren nobilitiert werden, von Jahresdarstellungen zu unterscheiden, die etwas im Sinn haben, das man als Vergegenwärtigung vergangener Zeit fassen könnte.

Eine solche Verschiebung des Erkenntnisinteresses von der Hypothese zur Exploration, von der Zäsur zur Präsenz lässt sich an der Ausstellung *1912 – Ein Jahr im Archiv* beobachten, die 2012 im Literaturmuseum der Moderne in Marbach zu sehen war (und an der der Autor beteiligt war). Die Idee zu dieser Ausstellung lieferte der Aufsatz *Die Epochenschwelle von 1912* des Romanisten Hans Robert Jauß. In diesem markierte Jauß – gestützt auf die Interpretation der beiden Gedichte *Zone* (1912) und *Lundi Rue Christine* (1913) von Guillaume Apollinaire sowie auf zahlreiche Beispiele aus der Bildenden Kunst – 1912 als Jahr des »Horizontwandels« und des Übergangs zu einer neuen Kunst.

Die Literatur und Bildende Kunst dieser Zeit setzte Jauß in Bezug zu den Eindrücken und Erfahrungen der Zeitgenossen. So übersetzt etwa Apollinaire die fragmentierte Wahrnehmung der Großstadtmenschen von 1912, die statt Kausalzusammenhängen vor allem ein Nebeneinander gleichzeitiger Ereignisse erkennen, in seiner Lyrik in ein Collageverfahren, das Wahrnehmungsfetzen locker nebeneinanderstellt, statt sie in eine kohärente Narration zu zwingen: »Schließlich bist Du dieser alten Welt müde / Hirte, o Eiffelturm, die Herde der Brücken blökt heute morgen / Du hast es satt, in der griechischen und römischen Antike zu leben / Hier sehen sogar die Autos aus, als wären sie uralt / Die Religion allein ist völlig neu geblieben, die Religion«.Die Collagen von Pablo Picasso aus demselben Jahr versuchen Ähnliches.

Von diesem stark thesenhaften Zugriff auf das Jahr als Epochenschwelle verabschiedete sich die Marbacher Schau – ein Befreiungsakt, der freilich mühsam war und nur in Teilen gelang, weil die Versuchung groß ist, das Singuläre und Epochale hervorzuheben. Was wäre eine solche Schau ohne die heute als kanonisch wahrgenommenen Autoren, die nachhaltiger als andere die Literatur verändert haben? Deshalb zeigte die Ausstellung Briefe, Manuskripte oder Tagebucheinträge von Kafka, Heinrich Mann oder Rilke als Leitexponate und verließ sich nicht allein auf die Memorabilien eines Hermann Beuttenmüller oder Cäsar Flaischlen.

Jenseits der Suche nach den üblichen Verdächtigen aber galt es, Jauß' These als Ausgangspunkt zu nehmen, um herauszufinden, was es mit diesem Jahr 1912 auf sich habe, wenn man es in der ganzen Breite seiner über die Marbacher Abteilungen (Bibliothek, Handschriftenarchiv, Mediendokumentation, Kunstsammlung) verstreuten Objekte neu zusammensetzt. Was, so lautete die Frage, wird aus diesem Jahr, wenn man es aus den Beständen eines Archivs rekonstruiert, dem ein anderer Fundus an Material und ganz eigene Kriterien der Selektion zugrunde liegen? Was erzählen uns die Marbacher Bestände einhundert Jahre später von diesem Jahr? Wie nah kann man diesem Jahr kommen, seinen Stimmungen, Bewegungen, Farben, Formen oder Klängen? Wie präsent kann man es machen, insbesondere wenn die Materialität der Dinge ins Spiel kommt?

Hier deutet sich ein anderer Zugriff auf ein Jahr an, wie er auch Hans Ulrich Gumbrechts Buch *1926 – Ein Jahr am Rand der Zeit* kennzeichnet. Gumbrecht baut sein Buch um zentrale Begriffe herum auf, die 1926 von Bedeutung gewesen sein sollen (etwa Boxen oder Tango). Diese Begriffe versucht er dem Leser von heute mit Texten des Jahres 1926 zu erschließen. Indem er diese gleichsam mit den Augen des Zeitgenossen zu betrachten versucht, will er den heutigen Leser in das Jahr 1926 versetzen. Was ihn interessiert, sind nicht die historischen Brüche, sondern ein möglichst unmittelbares Erleben von 1926, die Atmosphäre und Stimmung dieses Jahres. Es geht um »Geschichte hautnah«, die die intellektuelle Distanz des Forschers wieder ein Stück weit aufgibt, um sich in die Zeit zu versenken.

Das zufällige Jahr »am Rand der Zeit« will keine Epochenzäsur sein. Es folgt einer anderen Logik, fungiert als epistemische Methode, die dem Autor (und damit auch dem Leser) neue Einsichten ermöglicht, weil er sich nicht von vornherein an den bereits festgelegten wichtigsten Ereignissen abarbeiten muss, deren breiter Schatten den kleinen, untergründigen Phänomenen jedes Licht nimmt und alternative Deutungen gar nicht erst zulässt.

Wer Jahre wie 1914, 1945, 1968 oder 1989 aufbereitet, schwimmt in einem breiten Diskursstrom, der ihn auf die zentralen Begebenheiten zutreibt. Er begegnet seinen Quellen mit tausend Vorerwartungen, ist intellektuell weniger porös, weniger bereit, sich von Funden noch überraschen und leiten zu lassen. Sein Denken ist nicht wild, sondern zielgerichtet. Wer sich hingegen den abseitigen Jahren widmet, jenen Jahren, über die abgesehen von den Zeitgenossen noch kaum jemand etwas zu sagen hatte, ist freier, aus ihnen zu machen und herauszulesen (oft allerdings auch hineinzulesen), was ihm das Material aufdrängt. Er sucht nicht nur, sondern findet auch – zumindest dann, wenn er nicht von vornherein nur nach dem Epochemachenden schaut.

Serendipity lautet der Begriff für diese Art glücklichen Zufalls, der neue Elemente ins Spiel bringt, die unerwartet auftauchen, weil man von ihnen nichts ahnte. In der Marbacher 1912-Ausstellung wurden so die unterschiedlichen Marienikonografien und Motive mit Ägyptenbezug in Literatur und Kunst, wurden Gold als visuelle Markierung und die vielen floralen Motive auffällig, die Blumen und Schlingpflanzen, die sich nicht nur durch die literarischen Texte dieses Jahres zogen, sondern auch die Buchumschläge, Illustrationen, Zeitschriftentitel und privaten Manuskripte zierten – ganz prominent beispielsweise im floralen Coverdesign der berühmten kleinen Bändchen, die die Leipziger Insel-Bücherei seit 1912 auf den Markt brachte.

Wie häufig diese Motive in unterschiedlichen Spielarten auftraten, wurde erst durch das weite Suchraster sichtbar, das alles zur Kenntnis nahm, was aus dem Jahr 1912 im Archiv überdauerte – ob Bücher, Manuskripte, Zeitschriften oder private Habseligkeiten von namhaften und namenlosen Autoren. Dicht nebeneinander gelegt in einer Vitrine entfalteten diese Objektensembles ihre ganz eigene Evidenz, vermittelten etwas von diesem Jahr, das sich vor allem sehen ließ.

Eine solche Erzählung eines Jahres ist als Tableau oder Collage angelegt, die zum einen das »Gleichzeitige des Ungleichzeitigen« (Ernst Bloch), also das simultane Aufscheinen von Phänomenen, die man unterschiedlichen Epochen oder Milieus zuordnet, präsent machen kann, ohne es zwingend erklären oder thesenhaft einfangen zu müssen. Sie zeigt es schlicht. Sie besitzt eine topologische Struktur, die Geschichte durch Benachbarschaftung und Zusammenstellungen von Dingen ganz anders wahrnehmbar macht, als dies in linearen Erzählungen der Fall ist. Das könnte prinzipiell jede Jahresschau. Allein, die bedeutungsschweren Jahre sind in den Köpfen oft so stark mit bestimmten Narrativen verknüpft, dass sie unabhängig von diesen kaum noch zu denken sind.

Ein Ansatz, den 2006 bereits die Marbacher Dauerausstellung *nexus* als Leitprinzip gewählt hat, um einen neuen, offeneren Blick auf die Geschichte der Literatur jenseits der klassischen Epochen- oder Gattungszuordnungen zu werfen. Dass die Geschichte, die so entsteht, anders verläuft, zeigt sich im Unterschied zwischen Chronik und Erzählung: Die Chronik bildet den Steinbruch der Geschichte, in dem der Historiker das Material für seine Erzählung findet, die die Fragmente narrativ aufbereitet und zusammenführt. Die Chronik hingegen schätzt das Nebeneinander und zieht es dem Nacheinander, das alles auf Ursache und Wirkung hin liest, vor. Sie erzählt eine simultane Geschichte, die eher räumlich organisiert ist als zeitlich, nicht linear verläuft, sondern sich in parallelen Sphären bewegt.

Das Eintauchen in einzelne Jahre ist aber auch Ausdruck einer neuen Faszination in den Kultur- und Geisteswissenschaften für das Prädiskursive und Atmosphärische. Stimmung, Präsenz, Performanz oder Atmosphäre sind die in diesem Zusammenhang gern angeführten Schlagworte, die oft hinreichend unkonkret sind und trotzdem ein Bedürfnis nach Betrachtung des analytisch schwer Fassbaren erkennen lassen. Nähe zum Gegenstand und ein mikrohistorisch tiefer Blick auf die Details bestimmen die Perspektive dieser Jahresschauen in Hochauflösung. Sie sind von der Einsicht getragen, dass sich nur ein Teil der Welt messen und begrifflich darstellen lässt, dass es darüber hinaus aber Erkenntnisse gibt, die sich nicht in kohärente Erzählungen pressen lassen, sondern sich aus sinnlichen Effekten speisen oder erst – und vielleicht sogar exklusiv – durch die Inszenierung von Dingen an einem Ort zur selben Zeit erfahrbar werden.

Um diese Dinge wahrnehmen zu können, muss intellektueller Ballast abgeworfen, müssen gängige Kategorien gesprengt und typische Zuordnungen aufgebrochen werden. Darin liegt der Reiz des zufälligen Jahres am Rande der Zeit: Der Rückgriff auf ein solches Jahr ist voraussetzungslos; er verheißt erst einmal gar nichts, sondern markiert nur eine historische Distanz. Er planiert das Terrain, um es neu spuren zu können.

Sequenzen und Menschen

Zur Transparenz genetischer Information

Von Malte Dreyer / Jeanette Erdmann / Christoph Rehmann-Sutter

»What negotiating table? Why, the one where we talk about transparency of course.»
David Brin

David Brin hat 1998 ein politisches Buch geschrieben, in dem er erörtert, wie das Internet und die zunehmende Überwachung von Räumen durch Kameras und Mikrofone den Umgang mit persönlichen Informationen verändern.[1] Seine Analysen erscheinen heute, nach sechzehn Jahren, vor dem Hintergrund der Enthüllungen Edward Snowdens erstaunlich aktuell. Die beste Antwort auf die Angriffe gegen die informationelle Freiheit der Einzelnen sei, so Brin, nicht etwa Geheimhaltung. Das wäre ein fataler Reflex, ein Kurzschluss, der eine Gesellschaft des gegenseitigen Misstrauens und der Arroganz von Eliten entstehen ließe, in der wir bald nicht mehr gerne leben wollten. Genauso schlecht aber wäre grenzenlose Transparenz. Was wir bräuchten, seien vielmehr »pragmatische Kompromisse«. Wo diese liegen, sei zu verhandeln. Das ist der entscheidende Punkt.

Inspirieren lassen sollte man sich bei diesen Verhandlungen durch das Studium guter Beispiele und die Erfahrungen mit erfolgreichen zivilisatorischen Leistungen, zu denen Brin die Wissen-

1 David Brin, *The Transparent Society. Will Technology Force Us to Choose Between Privacy and Freedom?* Reading: Perseus 1998.

schaft, die freien Märkte und die Demokratie zählt. In all diesen Fällen wurden in der Tat pragmatische Kompromisse erzielt, während die Grundhaltung immer die der Offenheit ist.

Das zentrale Prinzip sei dabei die Rechenschaft *(accountability)*. Sie beinhaltet vier Dinge: Erstens müssen diejenigen, die Informationen missbrauchen können, bekannt sein. Zweitens muss bekannt werden, wenn sie Informationen missbrauchen. Drittens müssen die Regeln, nach denen sie Informationen benützen, verhandelt worden sein. Dazu aber müssen diese Regeln nicht nur bekannt sein, sondern es muss viertens die Macht über die Regelung des Informationsgebrauchs verteilt und Partizipation an den Verhandlungen möglich sein. »Transparency is not about eliminating privacy. It is about the power to hold accountable those who would *violate* it.«

Der beste Weg besteht also weder in grenzenloser Transparenz noch in Geheimhaltung: Eine transparente Gesellschaft ist aber zumindest hinsichtlich der Transparenz transparent. Welche Bedeutung hat dieser Vorschlag für persönliche genetische Informationen, die von Forscherinnen und Forschern in zunehmendem Maße verstanden werden können und durch genetische Tests, Screenings sowie DNA-Sequenzierungsverfahren verfügbar werden?

Genetic Citizenship

Erwin Schrödinger hat 1942 die Idee formuliert, genetische Information könnte in den Zellen wie ein Buchstabencode gespeichert sein. Ein Text, der aus vielen Wörtern besteht, sei das, was von Generation zu Generation weitergegeben werde und ermögliche, dass ein Lebewesen mit einem individuellen Körper aus einem anderen Individuum entsteht. Heute wissen wir viel mehr über die Funktionsweise des Genoms und verfügen über die technischen Möglichkeiten, Sequenzdaten von Individuen routinemäßig zu erheben. Dabei spielt sich noch vieles im Bereich der Möglichkeiten ab, und es heißt nicht, dass jeder für jeden durchsichtig ist. Die Möglichkeit allein aber nötigt uns, schon jetzt die Frage nach den Transparenzregeln zu stellen.[2]

Die Interpretation der Sequenz ist sehr anspruchsvoll und ein lebendiges Forschungsfeld für Tausende von Molekularbiologen und Genetikern weltweit. Was man versteht, sind erst Bruchstücke. Einzelne Informationsfetzen sind aussagekräftig, andere weniger. Sie lassen sich durch genetische Tests aus einem riesigen und im Zusammenhang noch unverstandenen Fundus ermitteln. Eines der bekanntesten Beispiele sind die Brustkrebsgene BRCA 1 und 2. 2013 machte die Schauspielerin Angelina Jolie öffentlich, dass sie sich präventiv das Brustgewebe habe entfernen lassen, nachdem ein genetischer Befund bei ihr eine achtzigprozentige Wahrscheinlichkeit für eine Brustkrebserkrankung erbracht hatte.

Im selben Jahr wurde entdeckt, dass Herzinfarkt in bestimmten Familien sehr eng mit dem gemeinsamen Vorkommen zweier Mutationen zusammenhängt.[3] Dass noch unverstanden ist, wie das Genom in der Entwicklung des Organismus eines Menschen, das heißt in seinem Leben funktioniert, ist ebenso ein Ergebnis der Sequenzierungsprojekte wie die Revolutionierung der experimentellen Techniken zur Identifikation genetischer Risikofaktoren. Je mehr wir

---

[2] Im März 2013 haben wir dazu einen mit Mitteln des BMBF finanzierten Workshop mit Wissenschaftlern verschiedener Disziplinen der Natur-, Sozial- und Geisteswissenschaften aus verschiedenen Ländern Europas und aus Kanada durchgeführt. Dank für Anregungen zu den hier formulierten Argumenten gebührt allen Teilnehmerinnen und Teilnehmern des Workshops.

[3] Jeanette Erdmann u.a., *Dysfunctional nitric oxide signalling increases risk of myocardial infarction*. In: *Nature*, 2013. Online first. DOI: 10.1038/nature12722 (www.nature.com/nature/journal/vaop/ncurrent/full/nature12722.html).

wissen, desto umfangreicher erscheint das Nichtwissen. Mit der Transparenz wächst die Intransparenz. Wir wissen, was wir wissen könnten, aber noch nicht wissen.

Was macht den Menschen aus?

Was der Mensch ist, und sei es nur im biologischen Sinne, was ihn als Angehörigen der Spezies Mensch wie als Individuum ausmacht, kann aus den Sequenzdaten nicht abgeleitet werden. Viel zu komplex sind die Interaktionen verschiedenster Faktoren mit dem genetischen Material. Die für die Entwicklung relevante Information entsteht im Zusammenwirken unterschiedlicher systemischer Ebenen innerhalb des sich stetig entwickelnden menschlichen Körpers. Diese Ebenen sind, grob gesagt, die genetische, die epigenetische, die metabolische, die multizelluläre Ebene und die Umwelt. Die Interaktionen innerhalb der Ebenen und zwischen ihnen brechen während der Dauer eines Lebens vom Embryo bis zum Tod nicht ab. Ohne ihre geordnete Abfolge würde Leben biologisch nicht gelingen.

Nach aktuellem Stand der Genetik ist es nicht die Sequenz, die dem Körper seine Form und seine Eigenschaften diktiert. In den 1960er Jahren hatte die Idee eines »genetischen Programms« Konjunktur, das in der Sequenz der DNA vermutet wurde. Heute ist es wieder der Körper als ganzes multizelluläres System, das mit seiner genetischen und epigenetischen Information in einer Umgebung lebt und sich in enorm komplexer Weise als metabolisches Entwicklungssystem zu sich selbst und dieser Umgebung verhält. Der Körper »instruiert sich«, wie es François Jacob ausdrückte.[4] Er bezieht genetische Information selektiv und kreativ in seinen Lebensprozess ein. Dennoch lassen sich Korrelationen zwischen Sequenzdaten und Krankheiten finden und auf dieser Grundlage auch Tests entwickeln. Diese Tests beruhen auf statistischen Prinzipien und ergeben Informationen über genetische Risiken, die das eigene Leben beeinflussen können. Damit stellt sich jedem die Frage, wie viel er oder sie wissen will. Von wem und wann soll man was wissen können? Und: Hat auch das Nichtwissen seinen eigenen Wert? Welche Verantwortung tragen die, die Wissen über die genetischen Informationen ihrer Mitmenschen erworben haben? Unsere Gesellschaft ist gegenwärtig gefordert, die Regeln für die genetische Transparenz zu verhandeln.

Mit der wachsenden Bedeutung genetischer Information und der zunehmend datengetriebenen biomedizinischen Forschung verändert sich auch unser Körperbild. Der Körper wird zu verkörperter Information. Die wesentlichen Interpretationsprozesse, die Daten in bedeutsame Gegenstände unseres Denkens übersetzen, haben ihren Ort in der Lebenswelt der Betroffenen, in der alles »Genetische« konkret verarbeitet und gedeutet wird. Mit der genetischen Information, die man grundsätzlich erlangen könnte oder aktuell erlangt hat, ändern sich auch die Erwartungen, die wir sozial aneinander richten, selbst wenn wir uns noch keinem genetischen Test unterzogen haben. Die geläufige Metapher vom »gläsernen Menschen« ist Indikator eines komplexen Wandels unserer theoretischen, praktischen und sozialen Selbstverhältnisse. In der Metapher der Transparenz ist aber eine Logik angelegt, die selbst nicht unmittelbar transparent ist. Sie müsste durchdacht und ausbuchstabiert werden, wenn die gesellschaftlichen Veränderungen, die dieser Logik folgen, ethisch reflektiert werden sollen.

4 François Jacob, *The Possible and the Actual*. Seattle: University of Washington Press 1982; vgl. Christoph Rehmann-Sutter, *Instruierte Reproduktion. François Jacobs Konzeptionen des genetischen Programms 1961 bis 1997*. In: *Figurationen*, Nr. 2, 2003.

Politik der Ankündigung

Die jüngere Geschichte der molekularen Genetik ist von hohen Erwartungen getragen, die sich auf den Nutzen der Mittel richten, mit denen wir Menschen »jetzt bald« durchleuchten können. An die genetische Transparenz knüpfen sich Hoffnungen auf neuartige Therapie- und Präventionsmöglichkeiten. Die erste komplette Entschlüsselung des menschlichen Genoms im Jahr 2003 wurde rasch in die Serie großer Entdeckungen eingereiht und als Wendepunkt der Menschheitsgeschichte beschrieben. Dieser Superlativ war lange vorbereitet worden und musste daher durch die Inszenierung eines markanten Ereignisses auch erfüllt werden. *Mapping the Code that Defines Humans* war der Titel einer kurzen Meldung über die Fortschritte der Sequenzierung in der *New York Times* vom 10. März 1998, also noch Jahre vor der Vollendung des Human Genome Projects.

»Today, we are learning the language in which God created life«, war die von Bill Clinton im Juni 2000 für die amerikanische Öffentlichkeit gewählte, religiöse Formel, mit der er den baldigen Erfolg des Projektes versprach. Kommentatoren geistes- und sozialwissenschaftlicher Provenienz teilten sich in zwei Lager. Die einen versuchten, den überschäumenden Enthusiasmus so gut es ging zu erden und relativierten die Bedeutung des Genoms. Andere verkündeten eine kopernikanische Wende im Verständnis des menschlichen Schicksals vom Ausmaß der Entdeckung Amerikas oder der Mondlandung.

Ein gutes Jahrzehnt später hat das öffentliche Interesse an der kulturgeschichtlichen Dimension der Genomik etwas nachgelassen. Gleichwohl sind Erkenntnisse im Bereich der Genforschung immer wieder in den Medien präsent. Hochdurchsatztechnologien, wie sie in Heidelberg oder Berlin und an vielen anderen biologischen Instituten und Kliniken weltweit zu finden sind, benötigen heute weniger als 24 Stunden, um die Sequenz eines Menschen vollständig zu erfassen. Eine Reihe von Firmen bietet persönliche Ganzgenomtests im freien Handel an. Der exotische Charakter der Ganzgenomsequenz und der Biobanken ist einer Praxis gewichen, die eine enorme Menge und verschiedene Ebenen personenbezogener Daten produziert, verknüpft und damit unweigerlich auch das Verhältnis zwischen Patienten und Experten grundlegend verändert.

Obwohl die epistemologischen Voraussetzungen, die den Neologismen wie »genetisches Risiko«, »Zufallsbefund«, »Zusatzbefund« oder »Recht auf Nichtwissen« zugrunde liegen, von den Akteuren noch nicht ganz verstanden sind, ist die Gendiagnostik längst im Alltag angekommen. Die Pränataldiagnostik stützt sich schon seit Jahren auf genetische Tests, die nun auch nichtinvasiv, ohne Fruchtwasserpunktion, nämlich durch Analyse fötaler DNA im mütterlichen Blut durchführbar sind. Dass die Kosten für die Erstellung einer kompletten menschlichen Sequenz unter die strategisch bedeutsame Grenze von tausend Dollar sinken, stand im November 2012 im Wirtschaftsteil der *Frankfurter Allgemeinen Zeitung* und nicht im Feuilleton. Die genomweite Analyse des Genoms bei der Internet-Testfirma 23andMe kostet mittlerweile nur noch 99 Dollar und verspricht Zugang zu »Dir selbst«: »Welcome to you!«

Vom Großprojekt zur klinischen Praxis

Die Entwicklung der technischen Mittel zur Visualisierung des menschlichen Erbguts lässt sich schematisch in drei zeitlich aufeinander folgende, aber teilweise einander überlappende Phasen unterteilen, denen eine jeweils eigene Haltung gegenüber dem genetischen Wissen korrespondiert und in denen je eigene Transparenzbedingungen herrschen.

In der ersten Phase existieren zwar Kenntnisse über die möglichen Funktionen genomischer Informationen, aber ihre Erschließung ist nur in einem sehr begrenzten Maße möglich, weil sie mit einem finanziellen und logistischen Aufwand verbunden ist, der nur von öffentlichen Institutionen getragen werden kann. Genetische Information steht in dieser Phase den Menschen als abstrakt-theoretische neue naturwissenschaftliche Erkenntnis gegenüber, die ähnlich dem Wissen über die Entdeckungen aus dem Bereich der Astrophysik oder Kernteilchenphysik die Koordinatensysteme im Allgemeinen verändert, anhand derer Menschen ihre Position in der Welt bestimmen. Ihre faktische Kraft entfaltet aber noch keine Wirkung auf die alltägliche Praxis und gibt auch keine Anhaltspunkte für lebensweltlich relevante Entscheidungen. Die Erkenntnis befindet sich im Stadium einer zukünftig möglichen, aber gegenwärtig noch nicht aktuellen Anwendung. Die genetische Transparenz wird durch rhetorisch gewiefte und nicht selten utopische Versprechen in Aussicht gestellt und als unvermeidlich kommende Revolution entweder legitimiert oder befürchtet. Das reicht bis zur Erwartung, eines Tages neben allen körperlichen Qualitäten auch Verhaltensweisen, Einstellungen, Emotionen oder gar das Denken auf bestimmte genetische Faktoren zurückführen zu können.

Die zweite Phase hat mit der Einführung genetischer Tests auf einzelne monogene Erbkrankheiten in den 1980er Jahren begonnen. Wie der Fall von Myriad Genetics mit ihren kommerziell angebotenen Tests für die von dieser Firma patentierten BRCA 1- und 2-Gene zeigt, stehen vor allem die technische Optimierung und die Suche nach einzelnen begrenzten Anwendungsfeldern der neuen Molekulargenetik im Vordergrund. Die Diskussion über genetische Transparenz beginnt. Der Missbrauch von genetischen Informationen, etwa durch Versicherungen oder Arbeitgeber, wird diskutiert. Durch Gesetze (in Deutschland das lange vorbereitete, erst 2010 in Kraft getretene Gendiagnostikgesetz) werden Schutzzäune um die genetische Privatsphäre jedes Einzelnen errichtet. Die dabei verwendeten Prinzipien sind das Recht auf Wissen, das Recht auf Nichtwissen, die genetische Beratung und die informationelle Autonomie.

Die dritte Phase, die bereits begonnen hat, ist charakterisiert durch Kommerzialisierung und die Veralltäglichung der Sequenzierung. Genomsequenzen werden zu einem Bestandteil klinischer Routinen und der Alltagspraxis. Das Bewusstsein setzt sich durch, dass alle Menschen, nicht nur Angehörige bestimmter Risikofamilien, Träger einer ganzen Reihe von Mutationen als genetischen Risikofaktoren sind. Genom-Scans werden zum Lifestyleprodukt. Das Marketing erreicht den Konsumenten direkt und verläuft international. Von Deutschland aus bestellt man einen Genom-Check zum Beispiel bei einer Firma, die in Kalifornien sitzt. Entsprechend werden die in der zweiten Phase errichteten nationalen Gesetze zunehmend unterlaufen. Denn dadurch, dass nicht mehr nur Forschungsinteressen handlungsleitend sind, besteht die Gefahr, dass der Schutz der Privatsphäre ökonomischen Verwertungsinteressen untergeordnet wird.

Ebenso kennzeichnend für diese Phase ist jedoch, dass die sequenzierbare DNA in das Selbstbild von Patienten einzieht und das Verständnis von Gesundheit, Krankheit und Prävention modifiziert. Das wird neue Bedürfnisse und neue moralische oder familiäre Pflichten zur Offenlegung schaffen: Ärzte empfinden die Pflicht, ihren Patienten genetische Zufallsbefunde mitzuteilen, die sich in Studien beiläufig ergeben haben, die aber krankheitsrelevant sind. Für die Einzelnen entstehen neue Verantwortlichkeiten sich selbst und ihren Familienangehörigen gegenüber, auf deren genetische Muster die Testpersonen schließen können.

Homo geneticus

Dass technologische Entwicklungen anthropologische Relevanz haben, ist keine neue Einsicht. Die philosophische Anthropologie im 20. Jahrhundert ist davon ausgegangen, dass sich das spezifisch Menschliche nicht allein in messbaren, biologischen Eigenschaften zeigen kann. Aber die Suche nach spezifischen Humana – wie Sprachfähigkeit, Selbstbewusstsein, Kultur etc. – stand in der doppelten Gefahr, entweder einen exkludierenden Begriff des »Menschen« zu entwickeln, der einen Teil der Menschen ausschließt, oder zu umfassend zu sein. Ernst Cassirer und Helmuth Plessner vertraten die These, dass die anthropologische Differenz, also dasjenige, was den Menschen von anderen Lebewesen unterscheidet, nicht erschöpfend in einem Satz anzugeben sei, der die logische Form eines gewöhnlichen Urteils in der Form »A hat die Eigenschaft B« besitzt.

Mit dem Verlust derartiger Bestimmungsmöglichkeiten gelangten die Bilder in den Fokus, die der Mensch von sich selbst entwirft. Dieses Entwurfsvermögen ist in seiner Dynamik und Wandelbarkeit das einzige, was Verbindlichkeit erlangt: Der Mensch ist ein Wesen, das sich selbst definiert und nach eigenen Vorgaben gestalten kann. Seine projektiven Selbstentwürfe sind wie eine Form zu verstehen, in die er sich selbst gießt. Der Mensch ist von Natur aus künstlich (Plessner). Selbstentwürfe sind symbolisch und praktisch vermittelt. Wir finden sie in Mythos und Religion, Kunst, Sprache, Geschichte und Wissenschaft.[5] Unter den wirksamsten Symbolformen, in denen sich menschliche Selbstbilder artikulieren, nimmt die Technik eine prominente Stellung ein. Heute ist das unter anderem die DNA-Sequenzierungstechnik.

Die Frage ist also nicht ob, sondern wie die Wahrnehmung des Menschen sich in Anbetracht der gegenwärtigen Zugänglichkeit und Verbreitung genetischen Wissens verändert. Zum einen verändert sich die Praxis der Wahrnehmung, in die die Erhebung von Sequenzdaten einzieht, zum anderen verändert sich dasjenige, was betrachtet wird, also der Mensch. Das wahrnehmende Subjekt ist von der grundsätzlichen Modifikation seiner selbst betroffen, insofern es beides ist: Betrachtendes und Betrachtetes. »Der Mensch« macht sich zum Gegenstand seiner eigenen Beobachtungstätigkeit und scheint daher sein Aussehen abhängig von der Perspektive zu wechseln, in die er sich stellt. Heute steht er dabei oft im Labor.

Genese und Geltung genetischer Information

Welcher Art ist nun das Wissen, das durch die rasante Verbreitung biomedizinischer Infrastruktur eine anthropologische Durchschlagskraft erhält und als ähnlich bedeutsam erscheint wie die Entdeckung des Nervensystems oder des Blutkreislaufs? Diese Entdeckungen haben ebenfalls eine qualitative Differenz im Blick auf den menschlichen Körper markiert und dessen Objektivierung und Naturalisierung entscheidend befördert.

Genetisches Wissen ist – im Unterschied zu Informationen über Blutfluss oder Gehirnströme – personalisiert. Es lässt erstens Aussagen über spezifische Differenzen zu. Zweitens ist es, in Form korrelativ ermittelter Wahrscheinlichkeiten, prädiktives Wissen. Drittens lässt es Aussagen über die Nachkommen jedes getesteten Individuums zu. Mit dem Wissen, das jemand über seine Erbanlagen erhält, übernimmt er unter Umständen eine moralische Verantwortung für sich selbst und seine Familie. Zudem bildet dieses Wissen ein Risiko ab (dessen Epistemologie individuell klärungsbedürftig bleibt) und führt ein gefühltes und erlebtes Leiden kausal auf Störungen in molekularen Funktionen zurück. Damit unterscheidet es sich sowohl von der Diagnose wie auch von rein statistischem Wissen. Es verweist in unserer Biografie voraus auf eine mögliche, nicht auf eine wirkliche Krankheit.

---

5 Vgl. Ernst Cassirer, *Versuch über den Menschen. Einführung in eine Philosophie der Kultur.* Hamburg: Meiner 2007.

Was ändert sich mit den genetischen Testmöglichkeiten? Wir glauben, es ist dies: Krankheiten treten anders auf. Wir meinen das wörtlich: Sie klopfen anders an, kommen anders auf uns zu. Sie kündigen sich nun über genetische Risiken im Modus der Wahrscheinlichkeit im Voraus an, präzise und gleichzeitig diffus. Es sind statistisch ermittelte, leicht bis signifikant erhöhte genetische Risiken, Zahlen, die bleiben, solange man lebt. Vielleicht kommt man ohne die Krankheit davon, aber das Risiko bleibt. Das ist etwas anderes als eine Verdachtsdiagnose, die sich ja auch wieder in Luft auflösen kann.

Gesunde Träger eines genetischen Risikos sind nie schlicht gesund, sondern noch gesund oder noch nicht krank. Die »Abwesenheit von Krankheit«, das »Wohlbefinden«, das laut WHO-Definition die Gesundheit auszeichnet, trägt den Index der Vorläufigkeit. Anders als bei uns allen, die wissen, mit hoher Wahrscheinlichkeit im Lauf unseres Lebens an irgendeiner Krankheit zu erkranken, zeichnet sich das Selbstwissen von Risikoträgern durch die präzise Kenntnis um den Namen ihrer zukünftigen Krankheit, ihr pathologisches Profil und die Symptome aus, die schon bekannt sind, bevor die Krankheit leiblich erfahren wird.

Diese Krankheiten sehen wir anders an. Unser Wissen darum, dass ihr Eintreten einer lokalisierbaren Anomalie entspricht, stattet das Wissen um sie mit einer persönlichen Dimension aus. Wird unser Auge betroffen sein, achten wir darauf, ob wir nach wie vor gut sehen; ist es unser Herz, hören wir es vielleicht anders schlagen – betroffene Körperteile stehen nicht nur unter besonderer medizinischer, sondern auch unter besonderer leiblicher Beobachtung. Es wäre illusorisch, zu glauben, dass diese Änderungen keinen Einfluss auf die Begriffe nehmen würden, mit denen wir unser Befinden und unsere körperliche Selbstwahrnehmung beschreiben.

Niemand bezweifelt, dass Patienten das Recht auf ein umfassendes Wissen über ihre eigene genetische Ausstattung zusteht. Man ist sich aber auch einig, dass dieses Wissen vor den Vermarktungsinteressen beispielsweise durch Krankenversicherungen, Arbeitgeber oder vor den Kontrollinteressen des Staates geschützt werden sollte, vor allem wenn es zu Lasten der Betroffenen geht.

Wenn man die Logik der Transparenzmetapher ernst nimmt, zeigt sich aber eine Grenze der Transparenz selbst. Transparent kann nämlich nur etwas sein, das nicht vollkommen durchsichtig ist, denn dann wäre es nicht mehr transparent, sondern unsichtbar. Der Blick durch einen transparenten Gegenstand verstellt, verdunkelt und verzerrt den Hintergrund, vor dem er steht. Zwischen Sichtbarkeit und Unsichtbarkeit besteht bezogen auf den transparenten Gegenstand ein dialektisches Verhältnis. Übertragen auf die genetische Transparenz bedeutet dies, dass sie Sichtbarkeit schafft und gleichzeitig das Gesehene verändert.

Um kompetent und gut vorbereitet an den Verhandlungstisch über die Regeln der Transparenz genomischer Informationen zu treten, benötigen wir Wissen über diese normativen und epistemischen Dimensionen genetischen Wissens. Wir müssen das Wissen einschätzen können, über dessen Zugänglichkeit (durch wen? von wem? wann? in welcher Form? unter welchen Bedingungen?) wir verhandeln. Wir müssen mehr darüber wissen, was das genetische Wissen für die Betroffenen bedeutet, wie es sie selbst und ihre Welt verändert.

Welche Art von Transparenz stellt dieses Wissen aber her? Das ist nicht schon klar, wenn man das Wissen nur als biomedizinisches Wissen klassifiziert. Wenn wir mehr darüber wissen, was das Wissen lebensweltlich aufhellt und was es gleichzeitig verdunkelt, können wir besser beraten, welche Regeln der Offenlegung und der Zurechnung in diesem Bereich gelten sollen.

»The Map is Not the Territory!«

Modelle und Modellbildung in der Volkswirtschaftslehre

Von Steffen Gross

Spätestens seit Beginn der Wirtschafts-, Finanz- und Schuldenkrise im Jahr 2007 haben Volkswirte keinen leichten Stand. Das Fach und seine Vertreter sehen sich Vorwürfen ausgesetzt, die heraufziehende krisenhafte Entwicklung nicht erkannt und bei ihrer Abwehr versagt zu haben. Die Gründe dafür scheinen klar: Zu sehr haben sich Ökonomen auf ihre Modelle konzentriert, ja fixiert, Modelle, die »viel zu abstrakt«, »übertrieben formal«, mathematisch und den Problemen der Wirklichkeit entrückt seien. Die Vorwürfe wiegen schwer, besonders dann, wenn sie von prominenten Vertretern des Faches selbst kommen – etwa Paul Krugman oder Joseph Stiglitz.

How Did Economists Get It So Wrong?, fragte Krugman 2009 auf dem (vorläufigen) Höhepunkt der Wirtschafts- und Finanzkrise.[1] Er sieht das Hauptproblem darin, dass viele Ökonomen »die Schönheit und Eleganz von in beeindruckender Mathematik geschriebenen Modellen für die Wahrheit selbst nehmen«. Sie hingen, so sein Vorwurf, einer idealisierten Betrachtung der Wirtschaft an, »in der rationale Wirtschaftssubjekte auf perfekten Märkten miteinander agieren«. Die Bemühungen wirtschaftstheoretischer Forschungen seien vornehmlich von dem »Wunsch nach einem allumfassenden, dabei intellektuell anspruchsvollen Beschreibungsansatz getragen, der den Ökonomen zudem noch die Gelegenheit bietet, ihr mathematisches Können unter Beweis zu stellen«. Auch in ersten nach der Finanzkrise erschienenen größeren Publikationen wird die Frage nach dem Sinn und dem Nutzen der Volkswirtschaftslehre für die Gesellschaft kontrovers diskutiert.[2]

Beklagt wird zum einen eine größer werdende Kluft zwischen theoretischem Modell einerseits und der kulturellen Realität des Wirtschaftens andererseits. Die beiden Seiten stehen sich, danach sieht es aus, fremd, ja beziehungslos gegenüber, woraus immer wieder die Forderung nach größerer »Realitätsnähe« abgeleitet wird. Weiterhin fällt die fortwährende Kopplung der Begriffe »Modell« und »Mathematik« auf; der unbedarfte Beobachter muss daraus den Schluss ziehen, dass die Modelle der Volkswirtschaftslehre ausschließlich und notwendig mathematisch sind. Zudem scheint es so, als seien Abstraktion und »abstrakte Modellwelten« an sich ein Problem.

Nach meinem Eindruck herrscht sowohl innerhalb als auch außerhalb des Faches nur wenig Klarheit darüber, was Modelle in der Volkswirtschaftslehre sind, welcher epistemologische Status mit ihnen verbunden sein kann, welche heuristischen Funktionen auch sehr abstrakten oder auf kontraintuitiven Annahmen beruhenden Modellen zukommen und wie der Prozess der Modellbildung aussieht. Ebenso scheint weitgehend unklar, was »Formalisierung« und formales Arbeiten sowie abstraktes Denken bedeuten. In meiner Kritik der Kritik lasse ich mich von Alfred North Whitehead leiten, der

1 Paul Krugman, *How Did Economists Get It So Wrong?*. In: *New York Times Magazine* vom 2. September 2009 (www.nytimes.com/2009/09/06/magazine/06Economic-t.html?pagewanted=all&_r=0). Für die sich an Krugmans Beitrag entzündende kritische Diskussion vgl. John H. Cochrane, *How Did Paul Krugman Get It So Wrong?* (http://ricardo.ecn.wfu.edu/~cottrell/ecn272/cochrane.pdf). – Übersetzungen durch den Autor.

2 Vgl. Diane Coyle (Hrsg.), *What's the Use of Economics? Teaching the Dismal Science after the Crisis*. London: Publishing Partnership 2012.

bereits 1925 in seinen an der Harvard University gehaltenen Lowell Lectures auf folgenden entscheidenden Punkt verwies: »You cannot think without abstractions; accordingly, it is of the utmost importance to be vigiliant in critically revising your *modes* of abstraction.«[3]

Ökonomisches Denken ist heute in der Tat primär Denken in Modellen – und damit auch in der spezifischen Logik von Modellen. Das ist vergleichsweise neu. Bis weit in das 20. Jahrhundert hinein war die Volkswirtschaftslehre eine vorwiegend verbale Disziplin – ihr moralphilosophischer Hintergrund wirkte sich noch lange auch auf den Stil und das Selbstverständnis des Faches aus. Mathematik und mathematische Modelle spielten hingegen so gut wie keine Rolle. Der erste Schub in diese Richtung erfolgte erst gegen 1870 mit der »Marginalistischen Revolution« – eng verbunden mit Namen wie William Stanley Jevons und Léon Walras. Auch der Name des Fachs ändert sich von der traditionellen »political economy« hin zum heutigen »economics«.

Das ist mehr als eine bloße Umetikettierung – dahinter steht eine radikale inhaltliche Richtungsänderung in der Perspektive, in den Fragestellungen, in der Wahrnehmung von kultureller Realität. Und die neue Bezeichnung indiziert auch ein anderes, neues Selbstverständnis des Faches und der Volkswirte, die es betreiben. Es ist Folge dieser Entwicklung, dass der globale Mainstream des ökonomischen Denkens heute nahezu vollständig von »Denkwerkzeugen« abhängig ist, die Modelle genannt werden.

Ganz allgemein betrachtet handelt es sich bei Modellen um kleinere oder größere mathematische, grafische, statistische oder sogar physische Gegenstände, die – und das ist entscheidend – auf verschiedene Weise der Manipulation unterworfen werden können. Wir nennen das »Spielen mit Modellen«, das Durchspielen von Szenarien, was sich etwa in der Verschiebung von Achsen in grafischen Modellen zeigt. Ein einfaches Beispiel dafür ist das IS / LM-Modell, das die Möglichkeit zur Simulation, zum Abschätzen von elementaren Entscheidungsfolgen in der Geld- und Fiskalpolitik bietet.[4]

Modelle als manipulierbare Instrumente und Objekte bilden heute vielfach den Ausgangspunkt in der wirtschaftswissenschaftlichen Forschung. Allzu leicht übersehen wird jedoch die Bedeutung und die Radikalität dieser Veränderungen im ökonomischen Denken und im Forschungsbetrieb. Denn der Übergang zur Arbeit an und mit mathematisch-formalen Modellen bringt nicht nur die Einführung von bis ins 20. Jahrhundert weitgehend unbekannten neuen Sprachen und Ausdrucksweisen in die Volkswirtschaftslehre (wie eben Algebra, Analysis und Geometrie) mit sich, sondern führt vor allem auch zur Ausbreitung eines neuen Denkstils und neuer Argumentationsweisen.[5]

Dass Modellen und der Arbeit mit ihnen nicht zu entkommen ist, verändert mithin das ökonomische Denken – und es verändert die Ökonomen: Sie haben die inzwischen starke Neigung entwickelt, alles beobachtbare Handeln und Verhalten, alle Erscheinungen in der wirtschaftlichen Welt direkt im Licht der gelernten Modelle zu denken und zu interpretieren. Und sie haben die Neigung zur Vereinfachung bisweilen sehr weit getrieben, denn »Mathematik diktiert auch den Imperativ der Einfachheit«.[6] Dass dabei auch immer die Ge-

---

3 Alfred North Whitehead, *Science and the Modern World. Lowell Lectures, 1925*. Cambridge University Press 1926.

4 Vgl. Warren L. Young, *The IS-LM Diagram*. In: Mark Blaug / Peter Lloyd (Hrsg.), *Famous Figures and Diagrams in Economics*. Cheltenham: Edward Elgar 2010.

5 Vgl. Ludwik Fleck, *Entstehung und Entwicklung einer wissenschaftlichen Tatsache. Einführung in die Lehre vom Denkstil und Denkkollektiv* [1935]. Frankfurt: Suhrkamp 1980.

fahr der übertriebenen Vereinfachung besteht, sollte jedoch nicht vergessen werden.[7]

Modelle können die (wirtschaftliche) Realität nicht eins zu eins abbilden. Kein Modell vermag das. Aber das ist auch nicht seine Aufgabe. Modellbildung ist keine einfach mimetische, sondern eine schöpferische und darin durchaus der Kunst ähnliche Aktivität des Schaffens künstlicher Welten, die in anderen Medien – zum Beispiel mathematischen Gleichungen oder Grafiken – dargestellt werden. Modelle sind daher auch nicht einfach nur abstrakt. Sicher spielen Abstraktionen eine bedeutende Rolle im Modellbildungsprozess, aber sie sind längst nicht alles. Wir können Modelle auch völlig an der aktuell beobachtbaren Realität vorbei – oder gar bewusst gegen sie – entwerfen. Und dennoch haben sie eine heuristische Funktion: als Erwartungen.

Die Wirtschaftstheorie hält der Gesellschaft mitnichten nur einen Spiegel vor und zeichnet akribisch auf, was darin zu sehen ist. Denn indem sie dies tut, greift sie schon gestaltend in die Gesellschaft ein, da die von ihr gebildeten Begriffe, Theorien und Modelle Entscheidungen vorbereiten und Handeln orientieren. Dass »die Lehren von der Wirtschaft starke Rückkoppelungseffekte auf das Wirtschaftsgeschehen selbst haben«,[8] kann kaum sinnvoll bestritten werden. Ökonomische Theorien und Modelle entfalten eine performative Kraft,[9] die über die ökonomische Sphäre im engeren Sinne hinausreicht, und sie können sich zum Teil selbst bestätigen, weil die Volkswirtschaftslehre und insbesondere die Makroökonomik politikberatende Aufgaben übernehmen.

Den Grund für diese performative Kraft hat Ernst-Wilhelm Händler trefflich als »eine Art Realitätsverdopplung« beschrieben, die in der ökonomischen Theorie erfolgt.[10] Mit anderen Worten: Im Unterschied zu den Naturwissenschaften sind die kulturwissenschaftlichen Disziplinen und insbesondere die Wirtschaftstheorie immer schon selbst Teil des Problems, das sie untersuchen. Die praktische Gestaltung unserer kulturellen (und darin eben auch der wirtschaftlichen) Wirklichkeit ist abhängig von unserer Wahrnehmungsweise und von der Art und Weise der begrifflichen Fassung und Modellierung dieser Wirklichkeit. Modelle sind eben nicht einfach nur *Ab*bilder, sondern immer auch *Vor*bilder mit Entwurfscharakter für etwas erst noch zu Schaffendes.

Aus wissenschaftsphilosophischer und -historischer Perspektive ist die Arbeit mit Modellen jedoch nur eine Denk- und Forschungsmethode neben anderen. Nach Auffassung des Wissenschaftshistorikers Alistair Crombie sind mindestens sechs Denkstile zu unterscheiden – die Modellbildung stellt mithin nur eine Möglichkeit dar. Diese sechs Stile sind: »mathematical postulation and proof; experiment; hypothetical modelling; taxonomy (the method of classification into natural kinds); statistical, historical-genetic«.[11] Nach Crombie

6 Gerard Debreu, *The Mathematization of Economic Theory*. In: *The American Economic Review*, Nr. 1, März 1991.

7 In der Tat ist die Frage, wie weit Vereinfachung in der Modellbildung getrieben werden kann und soll, nach wie vor – und mehr denn je – offen. Es handelt sich hierbei wohl um eine unabschließbare Debatte. Vgl. Paul Krugman, *How Complicated Does the Model Have to Be?* In: *Oxford Review of Economic Policy*, Nr. 4, 2000.

8 Jochen Hörisch, *Man muss dran glauben. Die Theologie der Märkte*. München: Fink 2013.

9 Vgl. Donald MacKenzie / Fabian Muniesa / Lucia Siu (Hrsg.), *Do Economists Make Markets? On the Performativity of Economics*. Princeton University Press 2007.

10 Ernst-Wilhelm Händler, *Das Wissen der Ökonomie. Theorie und Praxis, Formen und Grenzen*. In: *Merkur*, Nr. 753, Februar 2012.

11 Alistair C. Crombie, *Designed in the Mind. Western Visions of Science, Nature and Humankind*. In: *History of Science*, Nr. 3, 1988.

entspringt die forcierte Modellbildung dem Wunsch, die Natur nachzuahmen und auf diese Weise die in ihr wirkenden Prozesse zu verstehen.

Die Naturwissenschaften beginnen dann auch sehr früh mit der Modellbildung; allerdings sind die ersten Modelle noch nicht abstrakt-theoretischer Art oder mathematisch-formal, sondern es handelt sich um konkrete physische Gegenstände, kleine Apparate etwa oder Bilder beziehungsweise Zeichnungen, die häufig unmittelbar sinnliche Erfahrungen ermöglichen. Der Einstieg erfolgt, indem Objekte in der Natur auf eine fassliche Größe herunterskaliert werden (Globus, Landkarten).

Die entstehenden Kultur- und Sozialwissenschaften ziehen erst spät nach, und oft wird das, was in den Naturwissenschaften gut funktioniert, in die Sozialwissenschaften importiert und passend gemacht – auch wenn die Anwendungsbedingungen zumeist völlig andere sind. »In imitating the natural sciences, the social sciences attempted to follow both the methods and the metaphysics of the former. The social studies tried to attend only to observable and measurable entities and to connect these by simple causal or functional laws.«[12]

Der Prozess der Modellbildung in der Volkswirtschaftslehre wird heute in der Regel als »Formalisierung« bezeichnet. »Formalisierung« erweist sich bei näherer Betrachtung als ein Begriff mit vielen Facetten.[13] Darin steckt zunächst einmal das Konzept der »Form«, und etwas In-Form-Bringen meint, ihm eine erkennbare, fassliche Gestalt zu geben. Das muss keineswegs eine mathematische Gleichung sein oder ein Diagramm. Mathematisierung hat dort ihre Stärken, wo es stabile Randbedingungen gibt. Sie lohnt sich überall dort, wo ich in der Beschreibung komprimieren kann: »Die große Stärke der Mathematik liegt darin, daß sie es uns ermöglicht, abstrakte Muster zu beschreiben, die durch unsere Sinne nicht wahrgenommen werden können, und bei Mustern hohen Abstraktionsgrades jeweils Aussagen zu machen über die gemeinsamen Eigenschaften einer Hierarchie von Mustern oder einer Klasse von Mustern.«[14] Nimmt die Komplexität aber zu, dann mehren sich die Schwierigkeiten. Zweitens: »Formal« steht im Kontrast zu »informal«. »Formal« hieße Regelgebundenheit, das heißt bestimmten festgelegten Formen wird gefolgt; »informal« hingegen bedeutet Nonchalance, Mangel in punkto Exaktheit und Regelbefolgung.

Es lassen sich (mindestens) vier Ansätze zur Formbildung unterscheiden: Entwicklung von Rezepten; Visualisierung; Idealisierung und schließlich Analogiebildung. Rezeptentwicklung heißt, man formt die Ideen hinsichtlich der wirtschaftlichen Entwicklung ungefähr wie ein Kochrezept: Es geht um die Integration verschiedener Elemente und um das richtige Mischungsverhältnis.

Der enge Zusammenhang von Wissenschaft und Kunst zeigt sich nicht zuletzt in der Visualisierung.[15] Wir bilden Vorstellungen darüber, welche Zusammenhänge in der Wirtschaft bestehen könnten, entwickeln Ideen dazu und machen uns Bilder von diesen Ideen. Alfred Marshall gilt als einer der ersten, der anfing, kleine Diagramme zu zeichnen, einfache Skizzen davon zu machen, wie das Geschehen auf Märkten aussehen könnte. Diese »Kreuze« aus Angebots- und Nachfragekurven sind bis heute in jedem Lehrbuch zu finden, und ihre anhaltende Attraktivität speist sich daraus,

12 Lewis White Beck, *The »Natural Science Ideal« in the Social Sciences*. In: *The Scientific Monthly*, Juni 1949.

13 Paul Krugman, *Two Cheers for Formalism*. In: *The Economic Journal*, Nr. 451, November 1998.

14 Friedrich August von Hayek, *Die Theorie komplexer Phänomene*. Tübingen: Mohr Siebeck 1972.

15 Vgl. Rudolf Arnheim, *Visual Thinking*. Berkeley: University of California Press 1969.

dass sie vereinfachte Zusammenhänge auf einen Blick erfassbar werden lassen.[16]

Unter dem Stichwort »Idealisierung« kann Modellbildung als ein Prozess verstanden werden, der die aus bestimmtem Blickwinkel als »interessant« erscheinenden Zusammenhänge herauspickt und sie von allen »störenden Einflüssen« isoliert. Diese Zusammenhänge erhalten die Form von einfachen, idealen Weltmodellen. Solche finden wir keineswegs nur in der Volkswirtschaftslehre, sondern auch in der Soziologie und in der politischen Theorie, man denke an die »Idealtypen« im Sinne Max Webers. Die Arbeit mit Idealtypen ist gerade dann produktiv, wenn man fragt, warum tatsächlich beobachtbare Menschen ein ganz anderes Handeln und Verhalten an den Tag legen, als es der Idealtypus nahelegen würde. So werden bis dahin unbeachtet gebliebene Einflussfaktoren erschließbar, und Modelle oder Theorien lassen sich verfeinern.

Analogiebildung wiederum gründet sich auf die kognitive Fähigkeit des Menschen, Ähnlichkeiten wahrzunehmen, wiederzuerkennen und sie gedanklich miteinander zu verknüpfen und zu durchdringen. Neuere methodologische Forschungen zeigen, dass Ähnlichkeiten nicht bloß einfach wahrgenommen und erkannt werden, sondern dass es sich auch dabei um einen schöpferischen, fast künstlerischen Prozess handeln kann: Analogien lassen sich kreieren, sie werden ganz bewusst erzeugt.

Die vier skizzierten Ansätze lassen sich bestenfalls analytisch voneinander trennen – in der alltäglichen Arbeit fließen sie oft genug zusammen. Für alle aber gilt: Der Volkswirt handelt als Wissenschaftler im Prozess der Modellbildung aktiv und ist dabei von Interessen, Perspektiven und Absichten geleitet. Erst im Prozess der Modellbildung entsteht eine bestimmte Darstellung von Prozessen und Zusammenhängen in der Volkswirtschaft. Und es ist keineswegs so, dass die Modellbildung zwangsläufig einer eingebauten Logik gehorcht, der alle folgen müssten. Vielmehr kommt es immer auf die intuitiven, imaginativen und kreativen Fähigkeiten des Wirtschaftstheoretikers an. Dies erklärt dann auch, warum es so viele unterschiedliche – und oft genug auch einander widersprechende – Modelle unterschiedlichster Qualität zu einer Fragestellung gibt.

Wer die Wirtschaft in einer bestimmten Form darstellt, kreiert mit dem Modell zugleich einen Gegenstand, der bestimmten Regeln unterliegt. Form und Regeln hängen unmittelbar zusammen – eine »regellose Form« wäre eine *contradictio in adiecto*. Wenn wir versuchen, mit Hilfe von Modellen bestimmte Zusammenhänge zu erkennen, dann müssen wir bestimmte Erkenntnisregeln beachten, die mit der Sprache zu tun haben, in der das Modell »geschrieben« ist. Außerdem sind Modelle manipulierbar, darin liegt gerade ihre große Stärke in der Anwendung – es handelt sich in gewisser Weise um wissenschaftliche Spielzeuge, »basic tools of analysis«. Die Manipulationsmöglichkeiten sind jedoch durch das »Material«, das von den Modellen abgebildet wird, eingeschränkt. Die Regeln, denen sich jede sinnvolle Manipulation unterwerfen muss, folgen den verwendeten Begriffen und den Inhalten, die der Modellbauer einbezieht.

Analog zur »Realitätsverdopplung« entfalten Modelle ihrerseits ein Doppelleben: Ökonomen betrachten das, was sich im Modell abspielt – die dabei gewonnenen Aussagen sind dann zuallererst Aussagen über die Modellergebnisse und keine Aussagen über den Sachbereich. Die andere Seite: Modelle ermöglichen es uns, einen Gegenstandsbereich in der komplexen kulturellen Welt erkennend zu erschließen, sie sind damit Werkzeuge der Wirklichkeitserkenntnis.

16 Vgl. Thomas M. Humphrey, *Marshallian Cross Diagrams*. In: Blaug / Lloyd (Hrsg.), *Famous Figures and Diagrams in Economics*.

Dies gilt es auseinanderzuhalten: Zu oft machen Ökonomen selbst Modellaussagen zu Sachaussagen. Oder noch stärker formuliert: Die sich aus dem Modell oder der Theorie ergebenden Denkzwänge werden (vorschnell) in Sachzwänge umgedeutet oder als solche verstanden. Der Unterschied zwischen der Modellwelt, bei der es sich immer um eine theoretische Fiktion handelt, und der kulturellen Realität sollte aber nicht verwischt werden. Insofern können Modelle im Grunde auch nicht an der Realität scheitern.

Was hingegen sehr wohl scheitern kann, ist unser Umgang mit Modellen, etwa eben dann, wenn Modellaussagen ohne Weiteres als Sachzwang ausgegeben werden und wenn die Prognosefähigkeit von Modellen überschätzt wird. Nicht so sehr die Defizite der Modelle sind dann eine der Ursachen dafür, dass viele Wirtschaftswissenschaftler und -politiker die heraufziehende Krise nicht erkannt haben, sondern vor allem mangelnde Urteilskraft und fehlendes Bewusstsein für die Grenzen von Modellen und ihren Aussagen. Alan Greenspan hat dies kürzlich eindrucksvoll selbstkritisch eingestanden.[17]

Roman Frydman und Michael Goldberg legen den Finger in die Wunde: »It is often remarked that the problem with economics is its reliance on mathematical apparatus. But our criticism is not focused on economists' use of mathematics. Instead, we criticize contemporary portrayal of the market economy as a mechanical system. Its scientific pretense and the claim that its conclusions follow as a matter of straightforward logic have made informed public discussion of various policy options almost impossible. Doubters have often been made to seem as unreasonable as those who deny the theory of evolution or that the earth is round.«[18]

Dabei ist es zunächst völlig in Ordnung und akzeptabel, die Marktwirtschaft in Analogie zu einem »mechanischen System« zu modellieren. Es stellt aber eine »Anmaßung von Wissen« dar,[19] zu behaupten, dass moderne Volkswirtschaften mechanische Systeme *sind* und dass sie als mechanisches System vollständig erkannt werden. In der Tat: »The idea that economists can provide an overarching account of markets, which has given rise to fully predetermined rationality, misses what markets really do« (Frydman / Goldberg).

Das Nachdenken über Modelle und die ihnen zugrunde liegenden Annahmen führt unweigerlich zum Nachdenken darüber, was wir als Ökonomen eigentlich wissen und mit welchen Wahrheits- und Geltungsansprüchen wir auftreten können.[20] Es ist ganz sicher nicht verkehrt, sich dabei an die Mahnung Friedrich von Hayeks in *Theorie komplexer Phänomene* zu erinnern: »Eine einfache Theorie über Phänomene, die ihrer Natur nach komplex sind …, ist wahrscheinlich notwendigerweise falsch«.

---

[17] Alan Greenspan, *Never Saw It Coming. Why the Financial Crisis Took Economists by Surprise.* In: *Foreign Affairs*, Nr. 6, November / Dezember 2013; ders., *The Map and the Territory. Risk, Human Nature, and the Future of Forecasting.* New York: Penguin 2013.

[18] Roman Frydman / Michael D. Goldberg, *Beyond Mechanical Markets. Asset Price Swings, Risk, and the Role of the State.* Princeton University Press 2011.

[19] So der Titel der Rede Friedrich August von Hayeks anlässlich der Verleihung des Wirtschaftsnobelpreises 1974. Friedrich August von Hayek, *Die Anmaßung von Wissen.* In: *ORDO – Jahrbuch für die Ordnung von Wirtschaft und Gesellschaft*, Bd. 26, 1975. Der Originaltext *The Pretence of Knowledge* ist unter www.nobelprize.org/nobel_prizes/economic-sciences/laureates/1974/hayek-lecture.html verfügbar.

[20] Vgl. John Sutton, *Marshall's Tendencies. What Can Economists Know?* Cambridge: MIT Press 2000.

Sprache und Wissenschaftsverwaltung

Von Joachim Nettelbeck

In seinen *Perspektiven für das deutsche Wissenschaftssystem* vom Juli 2013 schreibt der Wissenschaftsrat: »Ein leistungsstarkes Wissenschaftssystem erfordert ein ausbalanciertes Verhältnis von Wettbewerb und Kooperation in Verbindung mit einer auch in der Grundausstattung auskömmlichen und nachhaltigen Finanzierung … Die herausgehobene Funktion der Hochschulen für das Wissenschaftssystem erfordert … eine inhaltliche Differenzierung im Hinblick auf die wesentlichen Leistungsdimensionen Forschung, Lehre, Transfer und Infrastrukturleistungen.« Dies mag alles richtig und wichtig sein, aber es ist auf Ministerialisch (Christoph Schneider) verfasst, in einem Verwaltungsjargon, den nur Eingeweihte verstehen.

Hier spricht ein Gremium, aus Wissenschaftlern und Wissenschaftsverwaltern von Bund und Ländern zusammengesetzt, das sich nach langwierigen Verhandlungen auf einen Text verständigen konnte. Es kommt nicht darauf an, ob die Bürger verstehen, was da angeblich in ihrem Interesse geplant wird, sondern darauf, dass wie in einem Protokoll festgehalten wird, worauf die Beteiligten sich gerade noch einigen konnten. Dieser Jargon wird zu einer Art Geheimsprache, die eine Abstimmung der »Akteure« untereinander erlaubt, ohne den Versuch, die Öffentlichkeit zu überzeugen. Die Granden der Wissenschaftsverwaltung regeln die Normen ihres Bereichs durch Verhandlungen untereinander; die Politiker können die Kompromisse nur absegnen oder sich als Spielverderber der öffentlichen Kritik aussetzen. Die Abgeordneten befassen sich damit nur noch anlässlich der Haushaltsberatung. Dem Publikum werden die Ergebnisse durch Öffentlichkeitsarbeit aufbereitet.

Würde es sich nur darum handeln, dass Fachleute ihre Kommunikation durch eine Fachsprache abkürzen, wäre die Unverständlichkeit ärgerlich, aber nicht wichtig. Die Gegenstände dieser Sprache sind jedoch soziale Situationen mit wissenschaftspolitischen Folgen. Die dabei verwendeten Begriffe beschreiben nicht nur, sie formen ihren Gegenstand, legen bestimmte Wirkungen nahe und machen andere unwahrscheinlich. So hätte man nach Einführung des Bologna-Prozesses die Differenzierung zwischen Fachhochschulen und Universitäten aufgeben können. An allen Hochschulen gäbe es Bachelors verschiedener Spezialisierung, aber ohne Betonung des unterschiedlichen sozialen Werts der Diplome durch die Namen der Institutionen.

Oder: Allein schon der Begriff »Exzellenz« macht die derart hervorgehobene Universität, unabhängig von den damit verbundenen Mitteln, für Professoren und Studenten attraktiver – und verbessert so ihre Chance, tatsächlich besser als andere zu werden. Robert Merton hat solche Effekte auf die Begriffe »Selffulfilling Prophecy« und »Matthäus-Prinzip« gebracht.[1] Diese Art der Sprache hat spezifische Wirkungen, ohne dass es notwendig wäre, sich so verschlüsselt auszudrücken. Die Sachverhalte lassen sich auch in allgemein verständlicher Sprache

---

1 Robert K. Merton, *Social Theory and Social Structure*. New York: Macmillan 1968. Merton zitiert W. I. Thomas: »If men define situations as real, they are real in their consequences.« Harriet Zuckerman betont diese semantische Dimension der soziologischen Analysen Robert Mertons in: Craig Calhoun (Hrsg.), *Robert K. Merton. Sociology of Science and Sociology as Science*. New York: Columbia University Press 2010.

beschreiben. Die Gemeinsprache ist hier zu beliebiger Präzision fähig.

Uwe Pörksen hat am Beispiel von Sigmund Freuds Sprache untersucht, wie Fachsprache und Gemeinsprache sich so zueinander verhalten können, dass es möglich ist, den Nimbus der Wissenschaftlichkeit zu nutzen, aber zugleich sich so an die Gemeinsprache (und die Literatur) anzulehnen, dass »Fehlleistung« oder »Ödipuskomplex« zu den Grundbegriffen der Psychoanalyse gehören und zugleich heute jedermann vertraut sind.[2]

Es hat seinen Grund, dass nur der Eingeweihte die Konfliktlinien im Eingangszitat wirklich erkennt; weil es um die Versöhnung divergierender Interessen geht, werden die Kontroversen nicht explizit formuliert. Das hieße, Öl ins Feuer zu gießen; die kollegiale Rücksicht verbietet das. Wer Zugeständnisse machen musste, soll nicht auch noch das Gesicht verlieren. Es bestünde darüber hinaus die Gefahr, dass sich Außenstehende einmischen, etwa die Presse. Sie versteht vielleicht nicht alle Nuancen und könnte so die mühsam gefundene Balance gefährden. Weil es in erster Linie darum geht, sich untereinander zu befrieden, nimmt man die verquälten Formulierungen hin. Manche nennen diese Methode der Konfliktbewältigung minimalinvasives Abwürgen von unerwünschten Forderungen.

Die Art der Sprache ist also Anzeichen für wissenschaftspolitische Voraussetzungen und Wirkungen. Als Beispiel soll der Text des Wissenschaftsrats dienen. Die abschließende Formel des Zitats befremdet. Davon, dass Hochschulen Wissenschaft, Forschung und Ausbildung dienen, dass Professoren forschen und lehren und Studenten studieren, davon geht man eigentlich aus. Was bedeutet aber die Rede von »Leistungsdimensionen«, was heißt es, dass die Hochschulen Leistungen in verschiedenen Dimensionen, insbesondere auch in Transfer und Infrastruktur, erbringen sollen?

Man muss dazu wissen, dass heutzutage das Verhältnis zwischen Staat und Hochschulen weitgehend durch Zielvereinbarungen geregelt wird. Wenn beide sich auf Ziele einigen sollen, konkretisieren sie diese, indem sie die Leistungen bestimmen, die der Staat von den Hochschulen als Gegenleistung für die öffentlichen Mittel erwartet. Diese Leistungen werden möglichst durch Indikatoren definiert, die den Beamten des Ministeriums erlauben, ohne genauere Sachkenntnis zu überprüfen, inwieweit die Hochschule die vereinbarte Leistung erbracht hat.

Diese Methode der Leitung und Steuerung öffentlicher Einrichtungen nennt man »New Public Management«, eine zwiespältige Reaktion auf traditionelle Unzulänglichkeiten der hierarchischen Verwaltung. Unter dem Druck finanzieller Krisen und zunehmender Komplexität staatlichen Handelns erscheint die Verwaltung in der Tat reformbedürftig. Dabei ist es sicher von Vorteil, wenn der Staat nicht anordnet, sondern verhandelt und man schließlich zu einer Vereinbarung kommt. Andererseits steht New Public Management unter der neoliberalen Prämisse, dass Anforderungen und Leistungen besser durch marktähnliche Mechanismen als durch politische Prozesse koordiniert werden könnten.

Bei öffentlichen Leistungen wird zwischen strategischen Entscheidungen der Politik und ausführenden Entscheidungen der Verwaltung unterschieden. Dies impliziert eine prinzipielle Unterscheidung zwischen Zielen, die von der »Politik« gesetzt werden, und Mitteln, über die die »Verwaltung« nach Gesichtspunkten der Wirtschaftlichkeit entscheidet. Dadurch verändert sich die Form der politischen Entscheidung. An die Stelle von Wenn-dann-Normen treten Ziele, die durch quantifizierte Un-

---

2 Uwe Pörksen, *Zur Terminologie der Psychoanalyse*. In: *Deutsche Sprache*, Nr. 3, 1973.

terziele – Indikatoren – definiert werden.

Diese Verschiebung von konditionalen zu finalen Programmen hat tiefgreifende, nicht beabsichtigte Nebenwirkungen. Das New Public Management unterstellt, dass sich über Indikatoren ein wohldeterminierter Zusammenhang zwischen Zielen und Mitteln herstellen lässt, wenn man dem Handelnden vor Ort die Freiheit lässt, die Mittel zu variieren. Dabei wird übersehen, dass sich unter der Hand, und ganz ohne Änderung der Worte, die Ziele den unausgesprochenen Implikationen der Indikatoren anpassen. Theoretisch könnte die Politik darauf reagieren und die Definition der Ziele ihrerseits präzisieren. In der Praxis stehen dem viele Hindernisse entgegen, etwa mangelnde Information über Unvorhergesehenes, Pfadabhängigkeit, mangelnde Aufmerksamkeit der Politik oder zu viel Zeit zwischen Fehlsteuerung und allgemein anerkannter Diagnose. Im Endeffekt setzt das New Public Management darum die kontinuierliche Dialektik zwischen Zielen und Mitteln außer Kraft und lässt ökonomische Kriterien in allen betroffenen Lebensbereichen dominant werden.

Die Verhandlung und Vereinbarung von Zielen tritt an die Stelle der staatlichen Anordnung. In Wissenschaft und Forschung ist das im Prinzip durchaus sinnvoll, weil es die Autonomie der Hochschulen zu respektieren erlaubt. Ein Vertragspartner wird zudem eher als ein Untergebener die Erwartungen des Staates erfüllen. Der Vertragspartner kann Vorschläge unterbreiten und seine Zustimmung von Bedingungen abhängig machen. Der Haken sind die Indikatoren. Leistungen in Forschung und Lehre haben, anders als wirtschaftliche Produkte, keine klar benennbaren Preise; an deren Stelle treten Indikatoren. Im Prinzip ist auch gegen diese nichts einzuwenden; sie geben, wörtlich übersetzt, interessante Hinweise. Sie könnten dazu veranlassen, sich die konkrete Situation genauer anzusehen und die Umstände jeweils spezifisch zu beurteilen. Im Rahmen der Zielvereinbarungen werden die Hinweise jedoch zu Normen. Wer sie erfüllt, wird belohnt. Wer sie vernachlässigt, wird bestraft. So steuern die Indikatoren das Verhalten aller Beteiligten. Nicht durch Zwang, wie die gesetzliche Vorschrift, sondern indem sie eine Tendenz vorgeben, wie der Markt.

Die Indikatoren sollen Leistungen messen und die Ziele, die die Politik setzt, mit den Mitteln, die der dezentral Handelnde einsetzt, in Übereinstimmung bringen. Die Wirkung des Indikators als Norm ist jedoch sehr unterschiedlich, je nachdem, ob man die Hochschule oder die Wissenschaftler vor Augen hat. Auf der Ebene der Hochschule – der Staat verhandelt mit der Leitung – sind Indikatoren statistische Größen, die für einen Vergleich mit benachbarten Hochschulen einigermaßen aussagekräftig sind. Man denke etwa an die Anzahl der Veröffentlichungen oder die Höhe der Drittmittel. Auf der Ebene des einzelnen Wissenschaftlers ist die Norm »möglichst viele Veröffentlichungen« eine Handlungsanweisung und führt zu unbeabsichtigten Wirkungen – auf Französisch heißt das »effets pervers«. So werden etwa aus einem Artikel mehrere gemacht, oder der Autor lehnt sich von vornherein viel stärker an die herrschende Meinung an, weil das die Annahme seines Artikels bei einer Zeitschrift mit hohem »Impact Faktor« erleichtert. Als käme es auf die Zahl der Texte und das Prestige der Zeitschrift, nicht auf den Erkenntnisgewinn an. Die normative Wirkung dieses Indikators erfährt der Wissenschaftler spätestens, wenn er sich auf eine Stelle bewirbt und schon die Vorauswahl von seinem »H-Index« abhängig ist.

Warum betont der Wissenschaftsrat die ungewöhnlichen »Leistungsdimensionen« Transfer und Infrastruktur? Transfer bedeutet, dass wissenschaftliche Erkenntnisse zu neuen Produkten führen. Und ohne solchen Transfer ließe sich das gern angeführte Argument nicht aufrechterhalten, mehr öffentliche Mittel für Wissenschaft und Forschung führten zu zusätzlichen Arbeitsplätzen und höherem Wohlstand. Der Wissenschaftsrat: »Ausgaben für Forschung und Bildung sind im politischen und gesellschaftlichen Diskurs als Investitionen zu behandeln. Sie sind nicht nur ein regionaler Wirtschaftsfaktor, sondern führen zu einer hohen volkswirtschaftlichen Rendite und tragen zu einer Steigerung der gesellschaftlichen Wohlfahrt bei.« Normalerweise findet Transfer dadurch statt, dass der an der Hochschule ausgebildete Wissenschaftler in die Industrie geht und dort zur Entwicklung neuer Produkte beiträgt. Mit der »Leistungsdimension Transfer« sind dagegen besondere Anstrengungen der Universität gemeint – etwa Technologietransferstellen oder Technologieparks. Deren Wirkungen sind jedoch sehr ungewiss, wie alle Beteiligten wissen. Weil aber ökonomische Argumente so stark in den Vordergrund gerückt sind, müssen Hochschulen behaupten, sie förderten diesen Transfer.

Mit dem Lippenbekenntnis zum Transfer nähert man sich auch dem Problem der Infrastrukturen. Damit sind nicht die Großgeräte der Forschung gemeint, aber auch nicht allein die Gebäude der Hochschulen, sondern vor allem die Stiefkinder der Finanzpläne wie Bibliotheken und sogenannte soziale Forschungsinfrastrukturen – ein verbales Ungetüm, das der Cafeteria und anderen Einrichtungen, in denen die Forscher Zeit zur Diskussion oder zum Forschen bekommen, den Anschein der ökonomischen Nützlichkeit geben soll. Der Nachweis, hier würden neue Arbeitsplätze generiert, fällt naturgemäß schwer. Darum steckt man sie neben den Transfer zu den Leistungsdimensionen, in der Hoffnung, sie bekämen auf diese Weise etwas vom Geldregen ab.

In Bezug auf diese Leistungsdimensionen sollen die Hochschulen sich »inhaltlich differenzieren«, und zwar durch »ein ausbalanciertes Verhältnis von Wettbewerb und Kooperation in Verbindung mit einer auch in der Grundausstattung auskömmlichen und nachhaltigen Finanzierung«. Von einer solchen Balance kann allerdings kaum mehr die Rede sein. Jeder externe Beobachter würde zugeben müssen, dass die Grundausstattung der Hochschulen längst nicht mehr »auskömmlich« ist. Projektmittel wiederum werden im Wettbewerb eingeworben und sind befristet, also nie »nachhaltig«. In der Kombination beeinträchtigt das die hauptsächlichen Funktionen der Hochschulen: die Ausbildung und die Forschung. Die meisten Beteiligten sehen das ein, sprechen es aber nicht öffentlich aus. Schließlich bestünde die einzig logische Konsequenz darin, dass die Länder mehr Geld für ihre Hochschulen bekommen. Da diese glauben, diese Mittel nicht zu haben, und der Bund sie ihnen nicht einfach als Finanzhilfe geben will, kann es von den Ländervertretern im Wissenschaftsrat keine Zusagen geben. Sie stellen deshalb nur Verhandlungen über die Balance in Aussicht.

Und was genau bedeutet »inhaltliche Differenzierung«? Lesen wir weiter: Der Wissenschaftsrat »spricht sich für eine gleichsam evolutive, durch geeignete Förderoptionen, Ausstattung, Governancestrukturen, Instrumente und Gestaltungsmöglichkeiten unterstützte und mehrdimensional angelegte Differenzierung der Hochschullandschaft aus, um strategie- und akteursfähige Hochschulen zu entwickeln, die das Wissenschaftssystem insgesamt stärken«. Die Stärkung des Wissenschaftssystems insgesamt ist ein schönes Ziel, da widerspricht niemand. Wie man strategie- und akteursfähige Hochschulen entwickeln kann, ist schon eine andere Frage. Da jede Hochschule handelt und die Präsidenten damit sicher auch strategische Vorstellungen verbinden, müssen »Strategie« und »Akteur« spezifischere Bedeutungen haben. Auf die Evolution der Hochschullandschaft alleine, die sich aus den jeweils unterschiedlichen Handlungen der Akteure in den Hochschulen ergibt, will sich der Wissenschaftsrat offenbar nicht verlassen.

Bei der Vielzahl der genannten Elemente und ihrer mehrdimensionalen Verschränkung gerät allerdings auch das

Denken ins Trudeln. Wie sie sich zueinander verhalten und zu einer differenzierten Landschaft führen sollen, bleibt offen. Dass die eine Universität dann Elite und die andere Schlusslicht ist, ist zwar wahr, kommt aber ebenfalls nicht ins Protokoll. Da die Hochschulleitungen überdies empfindlich reagieren könnten, wenn der Wissenschaftsrat ihnen dreinzureden versucht, bietet er seine Strategie und Methode der systemischen »governance« nur »unterstützend« an – und hofft so, »gleichsam evolutiv« zum gewünschten Ergebnis zu kommen.

Dieser Jargon hat nicht nur den Nachteil, die impliziten Normen der öffentlichen Diskussion zu entziehen. Es spricht sich in ihm auch eine durch Plastikwörter (Uwe Pörksen) getarnte Hybris der Planbarkeit aus. Die »Perspektiven« lassen die Öffentlichkeit glauben, das System der Wissenschaft in Deutschland könne man insgesamt überblicken und steuern. Sie scheinen über den einzelnen Interessen zu schweben und alles zum Besten richten zu wollen. Den guten Willen will ich gar nicht bestreiten. Trotzdem können solche Ambitionen für die freie Entfaltung der Wissenschaft gefährlicher sein als der eine oder andere Missgriff eines Universitätspräsidenten oder Landesministers.

Es geht auch nicht darum, den Wissenschaftsrat zu geißeln – seine Perspektiven dienen nur als Beispiel – oder seine Verdienste zu schmälern; seine Stärken hat er vor allem dann gezeigt, wenn er konkrete Vorhaben der Politik oder der Wissenschaft auf ihre Seriosität überprüft hat. In diesen Fällen haben die Diskussionen der wissenschaftlichen Mitglieder mit den Verwaltungen meist zu Verbesserungen der Vorhaben geführt. Da in diesem Fall nicht gar so viele Interessen auf einen Nenner zu bringen waren, konnte die Sprache auch eindeutiger sein.

Der bürokratisch verquollene Sprachstil ist keine Besonderheit des Wissenschaftsrats, sondern Ergebnis der Tatsache, dass aufgrund der komplizierten Verteilung der Zuständigkeiten wissenschaftspolitische Entscheidungen Bund, Länder und Wissenschaftsorganisationen meist gemeinsam betreffen und zwischen ihnen abgestimmt werden müssen. Ein Beispiel auf der Ebene des Bundes ist das Wissenschaftsfreiheitsgesetz. Mit der durch Artikel 5 Absatz 3 des Grundgesetzes garantierten Freiheit von Wissenschaft, Forschung und Lehre hat dieses Gesetz kaum etwas zu tun. Es regelt vielmehr, welche Art von Verwaltung die gemeinsam finanzierten Forschungseinrichtungen mit dem Staat vereinbaren. Eine Verwaltungspraxis aus dem Pakt für Forschung und Innovation, wie sie zwischen Bund, Ländern und Forschungsorganisationen vereinbart worden ist, wird gesetzlich festgeschrieben.

Der Schlüssel für höhere Handlungsspielräume in der Verwaltung ist wiederum die Zielvereinbarung und die damit akzeptierte Steuerung über Indikatoren. Für die Leiter der Forschungseinrichtungen ist diese Bedingung leicht zu erfüllen; es ist nur eine Frage der Begründung und der Organisation, um die entsprechenden Informationen zu erfassen. Derzeit erhalten die von Bund und Ländern gemeinsam finanzierten Forschungsorganisationen auf diese Weise 5 Prozent mehr pro Jahr, ein lohnendes Geschäft mit erheblichem Machtzuwachs für deren Präsidenten. Die perversen Effekte der Indikatoren für ihre wichtigste »human ressource«, die Wissenschaftler, kümmern sie dann meist weniger. Diese haben alle Hände voll zu tun, mit dem Schreiben von Zeitschriftenartikeln, die niemand liest, höchstens wegen der Prominenz der Autoren zitiert, und mit dem Verfassen von Anträgen für Drittmittel, die die Beschäftigung von Nachwuchswissenschaftlern erlauben, die dann ihrerseits wieder Artikel und Anträge schreiben.

Das Ganze ist ein Hamsterrad, das wissenschaftlich ambitionierte und fantasievolle junge Leute abschreckt. Nicht nur sind die Beschäftigungsaussichten prekär, junge Wissenschaftler können nicht einmal sicher sein, das erforschen zu können, wohin ihre Neugier sie treibt. Die in diesem Gesetz großgeschriebene Freiheit ist also vor allem eine Freiheit der Präsidenten. Sie wird mit der stärkeren Abhängigkeit der Forscher vom Großbetrieb Wissenschaft erkauft.

Warum wird diese Art von Steuerung trotzdem akzeptiert? Die deutschen Wissenschaftsverwalter nennen immer die Eliteuniversitäten der Vereinigten Staaten als Referenz. In Wahrheit haben diese Methoden bei diesen Vorbildern wenig Anklang gefunden. In Cornell oder Princeton ist es inzwischen verpönt, sich etwa bei Berufungen an die Anzahl der Veröffentlichungen oder Zitate zu halten. Die Kommissionen lesen wieder und diskutieren mit den Kandidaten, um deren wissenschaftliches Potential zu beurteilen. Dafür braucht man keinen Verwaltungsjargon. Der begründet Entscheidungen allein auf der Ebene derjenigen, die sich koordinieren, also der Ministerien und Wissenschaftsorganisationen. Diese Akteure können den Eindruck haben, dass sie mit ihren Methoden erfolgreich sind. Ihre Sprachkompromisse minimieren die öffentlichen Kontroversen. Mit einigen Abstrichen haben sie in den letzten Jahren erhalten, worauf sie sich geeinigt haben. Die Öffentlichkeit hat sich lieber mit Plagiaten von Prominenten beschäftigt.

Ein weiteres Beispiel: Für die Abstimmung zwischen Bund und Ländern in Wissenschaft und Forschung gibt es eine Institution: die Gemeinsame Wissenschaftskommission (GWK). In der Lehrerbildung gibt es manchen Konflikt. Der wird auf die folgende Weise »gelöst«: »Die ›Qualitätsoffensive Lehrerbildung‹ will einen wettbewerblichen, breit wirkenden und kapazitätsneutralen Impuls geben, mit dem eine qualitativ nachhaltige Verbesserung für den gesamten Prozess der Lehrerbildung bis in die berufliche Einstiegsphase und die Weiterbildung inhaltlich und strukturell erreicht werden soll. Zugleich sollen die Vergleichbarkeit von lehramtsbezogenen Studienleistungen und Lehramtsabschlüssen sowie der gleichberechtigte Zugang beziehungsweise die gleichberechtigte Einstellung in Vorbereitungs- und Schuldienst und damit die verbesserte Mobilität von Studierenden und Lehrkräften verbindlich und nachhaltig gewährleistet werden.«

Zwei Probleme bilden den Hintergrund dieser Vereinbarung: Zum einen ist der Bund seit der Föderalismusreform nicht mehr für Bildung zuständig, will jedoch über seine Mittel trotz der Länderhoheit weiterhin Einfluss auf die Schule nehmen. Zum anderen ist der Übergang zwischen Schulen unterschiedlicher Bundesländer nach wie vor schwierig, für Schüler wie Lehrer. Da weder der Bund alleine noch Bund und Länder gemeinsam die Schule steuern dürfen, versuchen sie dies über den Bereich, in dem sie gemeinsam aktiv werden können: die Hochschulen, an denen die Lehrerausbildung stattfindet. Da der Bund aber auch die Hochschulen als solche nicht steuern darf, geschieht dies über zusätzliche Projekte. Projekte müssen innovativ sein und dürfen nur im Wettbewerb vergeben werden. Die Länder haben diesen Eingriff in ihre Kompetenzen akzeptiert, weil der Bund mit 500 Millionen Euro gewunken hat. Die oben zitierten Formulierungen dienten dazu, die Brücke zwischen den politischen Absichten des Bundes und dem sehr spezifischen Mittel zu schlagen.

Die Vereinbarung wurde dann als die Beseitigung der Hindernisse beim Übergang von einem Bundesland zum anderen gefeiert. Bei der Indirektheit der Maßnahme kann man sich vorstellen, wie viele Hindernisse und unbeabsichtigte Nebenwirkungen es auf dem Weg dorthin geben wird. Das Geld haben die Länder gerne genommen; ihre Vorbehalte gegenüber bundeseinheitlichen Regeln im Schulwesen sind dadurch nicht verschwunden. Wie das Zitat zeigt, werden die Konflikte und die Kompromisse in der Sprache für den Eingeweihten erkennbar, für die Öffentlichkeit kaum. Warum wird zum Beispiel die Mobilität nur verbessert und nicht gewährleistet, oder warum wird die Mobilität nur gewährleistet und nicht verbindlich vereinbart? Solche Differenzierungen erschließen sich nur dem, der die Konflikte kennt und weiß, was der Kompromiss zu bedeuten hat.

Die angesprochenen Beispiele entstammen dem, was Jürgen Raschert den »kooperativen Föderalismus« genannt hat. Er hat den Vorteil, dass durch die vielen Hürden und *checks and balances* Fehler reduziert werden. Die Beteiligten akzeptieren in aller Regel die einmal gefundene Lösung über lange Fristen. Er hat den Nachteil, dass die Ergebnisse nur schwer veränderbar sind und die Öffentlichkeit und die Politik diese kaum beeinflussen können. Das gefährdet in einem demokratischen Gemeinwesen auf die Dauer die Legitimität der Entscheidungen. Davon ist in den zitierten Texten natürlich nicht die Rede. In ihrer Sprache aber drückt es sich aus.

Notwendig wäre eine konsequente Fortführung der Föderalismusreform. Auch die Steuereinnahmen müssten anders verteilt werden. Wenn die Verfahren des kooperativen Föderalismus die Einheitlichkeit der Lebensverhältnisse nicht gewährleisten könnten, sollte der Bund qua Gesetz eingreifen können; die Länder würden durch ihre Mitwirkung im Bundesrat beteiligt werden. Die Tendenz geht unter dem Etikett »Aufhebung des Kooperationsverbots« im Moment allerdings in die entgegengesetzte Richtung.

Affektabfuhr mit Wilhelm Busch

Neues von Rudolf Borchardt und Gerhart Hauptmann

Von Peter Sprengel

Rudolf Borchardt hat die Dokumente seiner ersten Ehe mit der Malerin Karoline Ehrmann nach seiner Wiederverheiratung 1918 systematisch vernichtet. Nur zufällig hat sich ein Päckchen seiner Briefe aus den Anfängen ihrer Verbindung erhalten, das nun einen Kernbestand des ersten Bandes der großen Briefausgabe bildet (deren Kommentarteil leider immer noch fehlt)[1] – auch einen Stolperstein für den Leser freilich, denn die überzogene Rhetorik und die eigentümlichen erotischen Inszenierungen dieser Brautbriefe erregen wenig Zutrauen zu jenem Liebhaber. Von Karolines Briefen ist offenbar nur ein einziger der späteren Spurentilgung entgangen, und auch das eher zufällig und aus paradoxen Gründen: weil er nämlich seinerzeit den Empfänger geärgert und zur Notierung eines Verspaars veranlasst hat, das man später nicht unbesehen der Vergessenheit überantworten wollte.

Karoline Ehrmanns Brief vom 30. Juni 1904 ist einen Monat nach ihrer Abreise aus Volterra entstanden – nur zwei Monate nach den Anfängen ihrer Bekanntschaft mit Borchardt in San Gimignano. Vom Feuer einer frisch entflammten Neigung ist jedoch in diesem melancholisch-depressiven Schriftstück nichts zu spüren. Die Schreiberin, die vorher zwei vergebliche Anläufe zur Beantwortung eines »scheußlichen« Briefs Borchardts unternommen hatte, erklärt sich tief befremdet und erstmals nicht in der Lage, »alles« zu schreiben, »was ich denke«. Lediglich der Schlusssatz eröffnet – bei aller Traurigkeit – einen Schimmer der Hoffnung: »Könnt ich mich jetzt bei Dir über Dich ausweinen, mir wärs besser.«

Wie soll man auf einen solchen Brief antworten? Soll man es überhaupt? Der frustrierte Korrespondent in Volterra notiert auf dem unteren Rand ein paar Formulierungen für die fällige Replik, nachdem er sich in den Zeilen darüber einen literarisch gebändigten Gegenangriff erlaubt hat: »Dem Papierkorb weit und gross / Legt er es in seinen Schoss. W. B.«[2]

Gerade weil Borchardt den Brief Karolines am liebsten in den Papierkorb versenkt hätte, hat er sich also bis heute erhalten! Vom Papierkorb redet Borchardt gern und häufig, sowohl mit Bezug auf sich selbst als auch auf fiktionale Gegebenheiten. »Ich stecke solche Anfragen grundsätzlich in den Papierkorb«, schreibt er am 20. November 1912 an Alfred Walter Heymel mit Blick auf biografische Erkundigungen von *Kürschners Literaturkalender* und anderen Stellen. In der Erzählung *Das Gespenst* (1929) ist es ein über Nacht neben den Stiefeln herausgestellter Papierkorb, aus dem das heiratslustige Mädchen einen abgebrochenen Brief des begehrten Jünglings an seine Verlobte herauszieht, was ihr entscheidende Vorteile bei ihrem Eroberungsfeldzug verschafft.

Aber sind die zitierten Verse überhaupt von Borchardt? Die Initialen darunter weisen eher auf einen anderen Verfasser, zumal es sich beim ersten Buchstaben wirklich um ein eindeutiges »W« handelt, also keine Abkürzung für »Rudolf Borchardt« angenommen werden kann. Auch abgesehen von der unpassenden Signatur stimmt weder die plumpe

[1] Rudolf Borchardt, *Briefe 1907-1913.* Hrsg. v. Gerhard Schuster. München: Hanser 1995.

[2] Deutsches Literaturarchiv Marbach, A: Borchardt. Mit freundlicher Genehmigung Cornelius Borchardts und der Handschriftenabteilung.

Fügung noch die groteske, sexuell aufgeladene Bildlichkeit (der »Schoss« des Papierkorbs) zum erlesenen Habitus der borchardtschen Bildungslyrik – gleichgültig, ob sie sich nun an symbolistischen oder antiken Vorbildern orientiert. Gleichwohl kommen einem die Verse nicht unbekannt vor. Denn natürlich kennt jeder, der seit dem späten 19. Jahrhundert in Deutschland aufwuchs, vierhebige Trochäenpaare, in denen das vorangestellte Substantiv von einem zweiteiligen Attribut gefolgt wird, das wie im Falle von »weit und gross« primär der Vorbereitung des Reims dient: »Max und Moritz, immer munter, / Schütteln sie vom Baum herunter.« – »Witwe Bolte, mild und weich, / Sprach: ›Sieh da, ich dacht es gleich!‹«[3]

Damit ergibt sich zugleich der Sinn der rätselhaften Signatur: »W. B.« ist zu verstehen als »Wilhelm Busch« – allerdings nicht im Sinne einer konkreten Quellenangabe, denn in Buschs sämtlichen Werken sucht man nach dem Papierkorb-Schoß vergeblich, sondern als Hinweis auf das stilgebende Vorbild. Der Rückgriff auf *Max und Moritz* und die dort verhandelten kleinbürgerlichen Aggressionen verhilft dem enttäuschten Liebhaber zur Affektabfuhr. Für Borchardt, der sich damals gerade in die geistige Welt und den Sprachstil Dantes einarbeitete und soeben eine Übertragung von Hofmannsthals *Ballade des äußeren Lebens* in das historische Italienisch Dantes und Petrarcas verfasst hatte, gewiss ein harter Übergang – letztlich aber eine Bestätigung seines chamäleontischen Talents!

Zur Zeit von Borchardts kleinem (und singulär bleibendem) Ausflug in die Welt Wilhelm Buschs war der populäre Humorist noch am Leben, auch wenn seine produktive Zeit längst hinter ihm lag. Busch starb erst 1908. Als die 1930 gegründete Wilhelm-Busch-Gesellschaft aus Anlass des dreißigsten Todestages 1938 einen Sammelband mit Bekenntnissen prominenter Verehrer zusammenstellte, beteiligte sich daran auch Gerhart Hauptmann mit anerkennenden, aber eher unspezifischen Worten über das »weltüberwindende Lachen« dieses »Klassikers deutschen Humors«.[4] Im gleichen Sinn sprach er gegenüber dem Busch-Forscher Georg Dangers von einem »unvergänglichen deutschen Glücksfall«.[5] Schon 1927 hatte er seinen Namen für die Bemühungen des Heimatbundes Niedersachsen um eine »Wilhelm-Busch-Spende« zur Verfügung gestellt und infolgedessen sogar eine persönliche Einladung zur Gründungssitzung der Wilhelm-Busch-Gesellschaft in Wiedensahl erhalten. All das ging aber letzten Endes kaum über die Repräsentationspflichten eines berühmten Schriftstellers hinaus.

Wenn sich trotzdem Hauptmann (ungeachtet der Gegensätzlichkeit beider Schriftsteller, ja ihrer wechselseitigen Ablehnung) als Parallelfigur zu Borchardt in Sachen Busch-Adaption anbietet, so hat das hauptsächlich mit den unveröffentlichten Tagebüchern der dreißiger Jahre zu tun. Margarete Hauptmanns Fünfjahreskalender vermerkt am 4. Dezember 1934 zwei im engeren Sinne nicht zusammengehörige Entlassungen beziehungsweise Rücktritte: die Absetzung des schle-

[3] Wilhelm Busch, *Sämtliche Werke*. Hrsg. v. Otto Nöldeke. Bd. 1-8. München: Braun & Schneider 1943, Bd. 3, S. 44; 68. Gerhart Hauptmann besaß dieselbe Ausgabe als Geburtstagsgeschenk des gräflichen Ehepaars Manfred und Sigrid von Richthofen. Die Freunde seiner letzten Jahre (und Kenner seines Altershumors) schenkten sie ihm beim letzten Zusammentreffen in Agnetendorf am 15. / 16. November 1944.

[4] *Mitteilungen der Wilhelm-Busch-Gesellschaft*, Nr. 9/10, März 1939, S. 35.

[5] Brief vom 18. Juni 1936: Staatsbibliothek zu Berlin – Preußischer Kulturbesitz, Handschriftenabteilung, GH Br Nl C VII: II, Mappe 1936. Zitate aus dem Nachlass Gerhart Hauptmanns hier und im Folgenden mit freundlicher Genehmigung der Leitung der Handschriftenabteilung und den Abkürzungen GH Br Nl (für den Briefnachlass) und GH Hs (für den Manuskriptnachlass).

sischen Gauleiters Helmuth Brückner, der dem Röhm-Flügel der NSDAP zugerechnet (und als Homosexueller diffamiert) wurde, und den Rücktritt Wilhelm Furtwänglers von seinen Ämtern als Opernintendant, Direktor der Berliner Philharmoniker und Vizepräsident der von den Nationalsozialisten eingerichteten deutschen Kulturkammer, wohl infolge der Auseinandersetzungen um sein Eintreten für jüdische Musiker und das Schaffen Paul Hindemiths.

Hauptmann, der in seiner grundsätzlichen Bereitschaft zum Arrangement mit der Naziregierung stets am meisten durch kulturpolitische Restriktionen irritiert wurde,[6] lässt sich daraufhin durch das Ticken der Uhr im Speisezimmer seiner schlesischen Villa Wiesenstein zu folgendem Ausspruch »frei nach Busch« inspirieren: »Es tickt und tackt, es tackt und tickt, / und mancher Nacken wird geknickt.«[7] Er dürfte sich dabei gleichfalls an *Max und Moritz* erinnert haben: »Rickeracke! Rickeracke! / Geht die Mühle mit Geknacke.« Die Lautmalerei verbindet sich hier wie da mit einer zynisch-martialischen Demontage: Die bösen Buben werden geschrotet, alle Ansätze einer Abweichung in Partei und Kulturpolitik durch moralischen oder wörtlichen Genickbruch »geknickt«.

Hauptmann, der zumal nach außen immer noch am Habitus eines modernen Klassikers von goetheschem Zuschnitt, ja am Ideal des Dichter-Priesters festhielt, entwickelte in den Zeiten der nationalsozialistischen Herrschaft eine Art geheime Nebenexistenz als Schalk und Schelm, der im Dialog mit einer zerzausten Kasparpuppe schräge Knittelverse aufs Papier kritzelte.[8] Zwischen diesen großenteils noch immer unveröffentlichten Hanswurst-Versen taucht eine Notiz wie »(Busch??)« auf.[9] Offenbar spürte Hauptmann eine Nähe zu Buschs Bildergeschichten, die er gelegentlich sogar in eine Reihe mit Aristophanes und Shakespeare rückte.[10] Neben der überlegenen Weltsicht eint dieses Triumvirat auch der Mut zur politischen Wahrheit; die alte attische Komödie genoss bekanntlich das Privileg der *parrhesia*, das Recht zur direkten politischen Aus- und Ansprache.

Hauptmann macht von diesem Vorrecht Gebrauch, wenn er sich 1935 unter der Überschrift »Busch« in aristophanisch-grobsinnlicher Manier abfällig über den Wiener Paneuropa-Kongress des Grafen Coudenhove-Kalergi äußert:

Nur in manchem stillen Winkel
giebt es ein Gepinkel –
Und man sollte es vermeiden.
Öffentlich sich auszukleiden:
denn bei diesem Unterfangen
ist ein Ruhm nicht zu erlangen.[11]

Unter der Überschrift (oder über der Unterschrift) »Frei nach Busch« notiert er aber auch quasiphilosophische Kalauer: »Der Jude träumt sowie der Krist / sowohl was ist, als was nicht ist.«[12] Oder:

---

[6] Vgl. Peter Sprengel, *Der Dichter stand auf hoher Küste. Gerhart Hauptmann im Dritten Reich*. Berlin: Propyläen 2009.

[7] Staatsbibliothek zu Berlin – Preußischer Kulturbesitz, Handschriftenabteilung, Nachlass Margarete Hauptmann, Nr. 9.

[8] Vgl. Peter Sprengel, *Priester und Hanswurst. Inszenierungen der Dichter-Rolle im Spätwerk Gerhart Hauptmanns*. In: Ders., *Abschied von Osmundis*. Dresden: Neisse 2011.

[9] GH Hs 52, 262v (November / Dezember 1936).

[10] Vgl. die Notiz vom Februar 1935: »Aristophanes, Shakespeare, Busch – Shakespeare der Grösste! – aber sie sind irgendwie ein Triumvirat« (GH Hs 52, 52r). Ähnlich lautet eine Marginalie in der damals von Hauptmann benutzten Aristophanes-Übersetzung: »Aristophanes, Shakespeare, *Busch* Ein grösstes Triumvirat!«.

[11] GH Hs 52, 146r.

[12] Ebd., 245v (14. Oktober 1936). Ein politischer Nebensinn ist nicht auszuschließen, aber kaum eindeutig zu formulieren.

»Was ist ein Mensch ohne die Metapher / ein Kaffer!«[13]

Sein Unbehagen an der musealen Atmosphäre seines mit Kunst und Kunstgewerbe vollgestellten Agnetendorfer Wohnsitzes formuliert er als neuer Diogenes in einem »Busch-Wiesenstein«, das heißt in einem im Stile Buschs formulierten Zweizeiler auf die Villa Wiesenstein: »Ich brauche nichts von alledem / das Ganze ist mir unbequem.«[14]

Gelegentlich scheint Hauptmann allerdings auch die Gefahr zu dämmern, dass ein allzu ausgiebiger Rekurs auf die lockere Sprach- und Reimpraxis eines Wilhelm Busch auch die poetischen Sitten verderben, das bedenkenlose Versedreschen zur Gefahr für den Autor werden kann. Das zeigt der nachdenkliche Epilog zu seinem »Pseudo-Busch« vom Dezember 1933: »Das Schicksal drischt, es drischt die Zeit./ Das zeigt die Durchgedroschenheit.« In einem Zusatz schreibt Hauptmann nämlich selbstkritisch darunter: »Man soll sich Busch nicht zu leicht ergeben – Der Drescher wird durchdroschen.»[15]

Journal (XII)

Von Stephan Herczeg

Anflug auf Madrid. Das Flugzeug befindet sich auf einer Höhe, ungefähr so mittelhalbhoch, die einem nur deshalb vertraut vorkommt, weil man sie aus dem Satellitenansichtsmodus von Google Maps kennt. Kurz aufwallendes Entmündigungsgefühl in den digitalen Eingeweiden meiner Usermentalität, denn weder kann durch das Drücken eines Buttons oder mittels einer taktilen Zweifingerspreizbewegung der Abstand zum Boden verringert oder erhöht werden noch ist ein Umswitchen in den Kartenmodus möglich, um die Namen der entvölkerten kastilischen Käffer unter mir oder den genauen Verlauf der Hochgeschwindigkeitszugtrasse anzeigen zu lassen. Meine *Earth*-Wahrnehmung bestimmt allein der Pilot, der sich bei der Startansage in durchgeratterten Spanisch-Englisch als Jesús plus zwei spanische Nachnamen vorgestellt hatte. Auch wenn ich vor hundert Jahren im Rahmen einer aktionistischen Maßnahme aus der katholischen Kirche ausgetreten bin, finde ich es immer noch sehr beruhigend und begrüßenswert, wenn Menschen mit Vornamen Jesús den Beruf des Piloten ergreifen.

Jesús überfliegt mit uns gerade den Fincagürtel, der Madrid in etwa dreißig Kilometern Entfernung umgibt. Aus dem Boden gestampfte Wochenendhaussiedlungen für die Madrider Mittelklasse, die sich in den neunziger Jahren, in Zeiten eines sich damals schon wahnsinnig anfühlenden Wirtschaftsaufschwungs, kurz mal einredete, was für eine gute Geldanlage die doofe Finca, draußen in der sonnenverbrannten Steppe, doch sein könnte. Kleine Reihenlandhäuschen mit etwas grüner Rasenfläche um Swimmingpools herum. Überall rechteckige, hellblaue Poolflecken. Direkt an die Siedlungen angrenzend rotbraun-kastilische Kargnatur mit symmetrisch verteilten

13 GH Hs 11a, 109r (4. August 1937).
14 GH Hs 52, 275r (3. Januar 1937).
15 GH Hs 15, 183v.

Olivenbäumen. Perfekt ausgebaute Straßeninfrastruktur, mehrspurige Autobahnen, großzügige Zubringer in Schleifenform. Kaum Verkehr, ein rotes Auto fährt wie in Zeitlupe die Schnellstraße entlang und nähert sich den ersten blockförmigen Großwohnbauten am äußeren Stadtrand Madrids. Enorme Wohnanlagen, die von oben geometrische Muster ergeben, dazwischen eingestreut Lagerhallen, Fabrikhallen, Verwaltungsgebäude, Tankstellen, noch mehr Autobahnen, Schnellstraßen, Zubringer und Verkehrskreisel. Schnell wird einem klar, wer in Spanien vor der Wirtschaftskrise immens reich geworden sein muss: Unternehmen des Hoch-, Tief-, Straßen- und Wohnungsbaus, Immobilienfonds, Banken und Versicherungen.

Das Flugzeug landet und dockt an einer der Fluggastbrücken des relativ neuen und deswegen auch überdimensioniert erscheinenden Terminal 4 des Madrider Flughafens an. Ewiger Fußmarsch, vorbei an zwanzig leeren Gepäckbändern, zur Metrostation. Ein paar Stationen abseits des Flughafens mischen sich die ersten Einheimischen unter die Flugreisenden. Vielleicht liegt es am Empathiebriefing der deutschen Presse, an all den Berichten über die schwierige Situation vieler Spanier, mit und ohne Wochenendfinca, auf jeden Fall meint man eine leicht resignative Aushaltestimmung in der Metro zu spüren. Gemurmelte Gespräche, Rumgewische auf Handydisplays, zwei junge Spanier mit Kapuzenjacken, grauen Sweatpants und weißen Adidas-Sneakern unterhalten sich teilnahmslos über die Fernsehserie *The Mentalist*.

Überall auf der Welt tragen die Leute dieselben hässlichen Klamotten und unterhalten sich über denselben Mist. Wahrscheinlich finden sie auch noch Burger King besser als McDonald's, schauen sich Videos von Beyoncé an, backen Cupcakes und würden am liebsten auf den Seychellen Urlaub machen. Jetzt bin ich auch schon ganz resigniert, hasse die Idee der Globalisierung, der uniformierten Lebensvorstellungen und wünsche mir, dass alles überall wieder anders werden muss, wie genau, weiß ich auch nicht, aber vor allem unterschiedlich wäre mal keine schlechte Idee.

Die Metro fährt in die Station Quevedo ein. Schnell raus und ein paar abgewetzte Treppen hoch zum kreisrunden Platz. In der Mitte des Platzes steht eine Francisco de Quevedo darstellende Skulptur auf einem etwas übertriebenen, von halbnackten Steinfrauen umschmiegten Fin-de-Siècle-Sockel. Um das Quevedo-Monument herum fahren Autos im Kreisverkehr und hupen. Quevedo hätte das bestimmt lustig gefunden, seinen Weibersockel und dass er Tag und Nacht von Autos umfahren wird. Trotzdem schaut er ganz streng auf den Platz hinunter. Und das, obwohl er mit seiner *Historia de la vida del Buscón* einen der lustigsten Romane der barocken Literatur geschrieben hat, wenn nicht gar den allerlustigsten. Die Geschichte eines vagabundierenden kleinen Gauners, der im von Staatsbankrotten geplagten Spanien um 1600 vergeblich versucht, zum Edelmann aufzusteigen und sich mit wenig Erfolg durch das Leben betrügt. Nichts läse ich momentan lieber als ein *Buscón*-Remake, einen Schelmenroman, der sich dem Wirtschafts-, Internet- und Globalisierungsirrsinn widmet, dem wir seit ein paar Jahren als teilnehmende Beobachter beiwohnen.

WhatsApp-Nachricht von meinem Vater, die wahrscheinlich seine Frau geschrieben hat. »Bist du gut angekommen?« Dahinter eine Ansammlung von gelben Grinse- und Kuss-Emojis. Und eine Flamencotänzerin und ein Sonnenuntergang. Ich antworte »Pünktlich angekommen. Gehe jetzt in die Pension und komme dann vorbei.« Mein Vater feiert seinen Geburtstag in Madrid – deshalb bin ich angereist – und wohnt ganz zeitgenössisch in einem weitläufigen Airbnb-Appartment mit zwei Schlafzimmern, kastigem Großsofa, Ikea-Esstisch und Spülmaschine. Ich übernachte altmodisch in einer Pension, in der ich schon ein paar Mal war und die mir in ihrer altertümlichen Spanienhaftigkeit gut gefällt. Die Pension erstreckt sich, wie bei Pensionen so üblich, über eine ganz Etage. Die Pensionswirtsfamilie bewohnt selber ein paar undefinierbare Etagenzimmer und fühlt sich wie zuhause. Es riecht immer nach Essen, und den ganzen Tag wird irgendwo der Steinboden mit einem chlorhaltigen Putzmittel nass aufgewischt. Ich mag spanisches Essen, chlorhaltige Putzmittel und die *Rosemary's-Baby*-Stimmung, wenn plötzlich aus dem Halbdunkel ein Pensionswirtsfamilienmitglied erscheint und »Hola qué tal« zu einem sagt. »Estupendo« sage ich und schließe mich unauffällig in meinem Pensionszimmer ein.

Das Geburtstagsessen findet in einem altkastilisch aufgerüschten Restaurant statt. Viel dunkles Holz, Keramikteller an der Wand, Fünfhundertwattenergiesparlampen in wagenradgroßen Pseudoantikdeckenleuchten, Blutreiswurst-Tapas und Sherry zur Begrüßung. Ich sitze am Tischende neben meinem ergriffenen Vater und bilde mir ein, etwas traurig und aus Solidarität ebenfalls ergriffen zu sein. Dann bin ich aber doch nicht mehr solidarisch ergriffen, sondern nur noch traurig, denn mein Vater erzählt mir zum hundertsten Mal, wie unzufrieden und unglücklich er während der Ehe mit meiner Mutter, also während meiner Kindheit war. Deutschland in den sechziger Jahren, kein Junggesellenleben mehr, dafür zwei kleine Kinder und eine sehr kinderfixierte, sehr junge deutsche Ehefrau, die die nervigen Kinder unbedingt um neunzehn Uhr ins Bett bringen muss, anstatt mit ihrem jungen Ehemann und dessen Geschäftskollegen noch einen trinken zu gehen. Wenn ich nicht mit ihm verwandt und kein Teil des Problems gewesen wäre, könnte ich ihm vielleicht sagen: »Ja, war schon okay, dass du dich getrennt hast.« Aber ich sage nichts und drücke nur seine Hand.

Auf dem Weg zurück zur Pension an mehreren eigen- und gleichartigen Straßenkünstlerdarstellern vorbeigekommen, die sich alle etwas schäbig weiß geschminkt haben und unter großen schwarzen Leintüchern am Boden sitzen, in die Öffnungen eingearbeitet sind. Links und rechts der weißen Fratze ragen auf Stöcken angebrachte, selbstgebastelte Tierköpfe aus den Öffnungen, die möglicherweise einen Wolf darstellen sollen. Der sogenannte Straßenkünstler verharrt zunächst eine ganze Weile bewegungslos am Boden kauernd, um dann plötzlich mit einem wahnsinnigen Schrei die Tierkopfstöcke nach vorne in Richtung der vorbeigehenden Passanten zu stoßen. Das Geschrei der zu Tode erschrockenen Passanten ist ungefähr genauso laut wie das Gebrüll des weißgeschminkten Wolfmanns.

Interessante Geschäftsidee: Einfach mal die sowieso schon heruntergewirtschafteten, erschreckten Spanier noch mehr verschrecken, in der Hoffnung, damit etwas Geld zu verdienen. Aber das Geld werfen sowieso nur die dem Spektakel beiwohnenden Zuschauer in den vor dem Wolfsmann aufgestellten Starbucks-Becher. Mitwisser, die den Trick schon kennen und gutgelaunt darauf warten, dass das nächste Opfer in die Falle geht. Aus Dankbarkeit, nicht zu den Opfern zu gehören, lege auch ich eine Ablassmünze in den Becher und verschwinde in einem der Eingänge zur Metrostation Sol, die letztes Jahr gegen eine Zahlung von drei Millionen Euro in Vodafone Sol umbenannt wurde.

ANDRÁS BRUCK, geb. 1947, lebt als Schriftsteller, Drehbuchautor und Journalist in Budapest. 2013 ist *Elárult szavak* erschienen.

RASMUS ALTHAUS, geb. 1980, Landschaftspfleger, Autor und Dozent.
rasmus.althaus@gmail.com

STEVEN WEINBERG, geb. 1933, Nobelpreisträger, Inhaber des Josey Regental Chair in Science an der Universität von Texas in Austin. 2011 ist erschienen *Lectures on Quantum Mechanics*. – Der Artikel wurde unter dem Titel *Physics: What We Do and Don't Know* am 7. November 2013 in der *New York Review of Books* veröffentlicht.
www.ph.utexas.edu/~weintech/weinberg.html

HEINRICH BOSSE, geb. 1937, Dozent. 2012 erschien *Bildungsrevolution 1770-1830*.
heinrich.bosse@germanistik.uni-freiburg.de

SIMON ROTHÖHLER, geb. 1976, Filmwissenschaftler an der Freien Universität Berlin, Mitgründer und Mitherausgeber von *Cargo. Film/Medien/Kultur*. 2011 erschien *Amateur der Weltgeschichte*. 2012 *The West Wing* und 2013 *High Definition. Digitale Filmästhetik*.
siroth@zedat.fu-berlin.de

WERNER PLUMPE, geb. 1954, Professor für Wirtschaftsgeschichte an der Universität Frankfurt am Main. 2014 erscheint *125 Carl Zeiss-Stiftung. Eine Vision, zwei Unternehmen* (Herausgeber).
w.plumpe@em.uni-frankfurt.de

CORD RIECHELMANN, geb. 1960, freier Autor. 2013 erschien *Krähen. Ein Portrait*.
Cord.Riechelmann@gmx.de

THOMAS SPECKMANN, geb. 1974, Historiker und Politikwissenschaftler, Lehrbeauftragter am Institut für Politische Wissenschaft und Soziologie der Rheinischen Friedrich-Wilhelms-Universität Bonn.
thomas.speckmann@gmx.de

THOMAS THIEMEYER, geb. 1976, ist Juniorprofessor am Ludwig-Uhland-Institut für Empirische Kulturwissenschaft der Universität Tübingen. 2010 erschien *Fortsetzung des Krieges mit anderen Mitteln. Die beiden Weltkriege im Museum*.
thomas.thiemeyer@uni-tuebingen.de

MALTE DREYER, geb. 1979, Wissenschaftlicher Mitarbeiter am Institut für Philosophie der Philipps-Universität Marburg und Projektmitarbeiter am Institut für Medizingeschichte und Wissenschaftsforschung der Universität zu Lübeck.
dreyer@uni-marburg.de

JEANETTE ERDMANN, geb. 1965, Direktorin des Instituts für Integrative und Experimentelle Genomik an der Universität zu Lübeck.
jeanette.erdmann@iieg.uni-luebeck.de

CHRISTOPH REHMANN-SUTTER, geb. 1959, Professor für Theorie und Ethik der Biowissenschaften an der Universität zu Lübeck. 2006 erschien *Genes in Development. Re-reading the Molecular Paradigm* (Mitherausgeber).
www.imgwf.uni-luebeck.de

Steffen Gross, geb. 1973, Hochschullehrer für Volkswirtschaftslehre und Philosophie an der Brandenburgisch-Technischen Universität Cottbus-Senftenberg. 2011 erschien *Cognitio Sensitiva. Ein Versuch über die Ästhetik als Lehre von der Erkenntnis des Menschen*
steffen.gross@tu-cottbus.de

Joachim Nettelbeck, geb. 1944, war von 1981 bis 2012 Generalsekretär des Wissenschaftskollegs zu Berlin.

Peter Sprengel, geb. 1949, Professor für Neuere deutsche Literatur an der Freien Universität Berlin. 2012 erschien *Gerhart Hauptmann. Bürgerlichkeit und großer Traum.*
sprengel@zedat.fu-berlin.de

Stephan Herczeg, geb. 1961, freier Autor und Journalist.

Im nächsten Heft:

Jürgen Kocka
Kritik und Verheißung in der Geschichte des Kapitalismus

Andreas Eckert
Nationalhelden und Väter der Nation in Afrika

Heinrich Niehues-Pröbsting
Heideggers Widmungen

Das Jahresinhaltsverzeichnis 2013 finden Sie zum Download auf unserer Volltextseite (http://volltext.online-merkur.de).

Bezugsbedingungen: Der Merkur erscheint monatlich. Preis des Einzelheftes EUR 12; im Abonnement jährlich EUR 120 / sFr 146,30; für Studenten gegen Vorlage einer Bescheinigung EUR 80 / sFr 97,90; alle Preise jeweils zuzüglich Versandkosten. *Die elektronische Version dieser Zeitschrift finden Sie unter www.volltext.online-merkur.de.* Preis für das Herunterladen eines einzelnen Artikels EUR 2, eines einzelnen Heftes EUR 9,99; im elektronischen Abonnement (E-Only) EUR 120 / sFr 146,30; für Studenten gegen Vorlage einer Bescheinigung EUR 80 / sFr 97,90; für Privatkunden, die gleichzeitig die gedruckte Version im Abonnement beziehen, EUR 20 / sFr 28. Im jeweiligen Preis der elektronischen Abonnements ist der Zugriff auf sämtliche älteren digitalisierten Jahrgänge enthalten. Preise für Bibliotheken und Institutionen auf Anfrage.
Der Abonnementpreis ist jährlich im Voraus fällig (bitte die Rechnung abwarten). Alle genannten Preise enthalten die zum Zeitpunkt des Kaufs gültige Mehrwertsteuer. In Drittländern (außerhalb der EU) gelten die angegebenen Preise netto. Die Kündigung des Abonnements muss spätestens vier Wochen vor Ende des Bezugszeitraums in schriftlicher Form an den Verlag erfolgen. Ansonsten verlängert es sich automatisch um ein Jahr. Die Mindestbezugsdauer beträgt ein Jahr.
Manuskripte: Für unverlangt und ohne Rückporto eingesandte Manuskripte kann keine Gewähr übernommen werden.

Media-Daten: s. www.online-merkur.de, verantwortlich für den Anzeigenteil: Thomas Kleffner.
Abonnementverwaltung (falls vorhanden, bitte Kundennummer angeben): Friederike Kamann, Tel. 07 11/ 66 72-12 25, Fax: 07 11/66 72-20 32, E-Mail: f.kamann@klett-cotta.de; Einzelheft- und Abobestellungen auch unter **www.online-merkur.de**
Leiter Zeitschriften: Thomas Kleffner, Klett-Cotta, Zeitschriften, Rotebühlstr. 77, 70178 Stuttgart, E-Mail: th.kleffner@klett-cotta.de
Satz: Dörlemann-Satz GmbH & Co. KG, Lemförde. Druck und Einband: Friedrich Pustet GmbH & Co. KG, Regensburg
Redaktionsschluss: 3. 2. 2014
ISSN 0026-0096 NC N NCA